KB275660

금강경

차례
Contents

들어가면서

고(苦)의 뿌리는 에고(ego)의 생존욕에 있다. 그 생존욕은 ‘나’와 ‘나 아닌 것’으로 갈라지고, 생존에 ‘유리하다’와 ‘불리하다’로 갈라지고, ‘기분 좋다’와 ‘기분 나쁘다’로 갈라진다. 이걸 바탕으로 하여 온갖 이분(二分)의 분별과 감정이 잇따라 일어나 생각 생각으로 이어진다.

중생의 마음은 그 이분(二分)의 양쪽을 끊임없이 오락가락 하므로 불안정하다. 안정되지 않은 마음 상태가 곧 고(苦)이 다. 따라서 에고의 생존욕이 있는 한 고(苦)일 수밖에 없다.

결국 중생의 삶이란 에고의 만족을 위한, 에고에 상처를 입지 않기 위한 갈등에 지나지 않고, 에고의 올가미에 걸려 든 그 삶은 탐욕과 불안에 휘몰릴 수밖에 없다.

아뇩다라삼먁삼보리(阿耨多羅三藐三菩提)는 에고의 죽음, 즉 자아라는 생각과 자아에 대한 집착의 소멸이다. 벼락이 내리쳐 안팎과 분별과 대립이 붕괴해버린 폐허의 빈터다.

그 빈터에 지혜와 자비의 싹이 돋아난다.

일러두기

1. 이 책은 『고려대장경(高麗大藏經)』 권 5에 있는 구마라집(鳩摩羅什: 344~413) 번역의 『금강반야바라밀경(金剛般若波羅密經)』을 한글로 옮기고 풀이한 것이다.

2. 양(梁) 무제(武帝: 재위 502~549)의 아들 소명태자(昭明太子: 501~531)가 『금강경』을 32단락으로 나누고 각각 제목을 붙였는데 편의상 그 단락을 따랐으나 제목은 삭제한다.

금강경은 어떤 경전인가

경전이 만들어진 배경

『금강경』은 40여 종의 반야부(般若部) 경전 가운데 하나이다. 반야부 경전은 기원 전후에 성립되기 시작하여 4세기경에 지금의 체계를 갖추었는데,『금강경』은 방대한 반야부 경전들이 성립되는 초기에 반야부의 핵심을 간략하게 정리한 것으로 짐작된다.

이 경이 성립될 무렵의 인도 불교계는 붓다의 가르침을 지나치게 분석하며 복잡하고 추상적인 이론을 전개했고, 탑에 대한 신앙과 재물의 보시와 그 공덕을 높이 평가했다. 이처럼 불교계가 붓다의 근본 가르침에서 멀어져 가고 있을 때, 붓다의 참뜻으로 돌아가고자 하는 개혁적인 의도에서 『금강경』을 엮은 것으로 보인다.

『금강경』이라는 이름은

『금강경』의 산스크리트 제목은 '바즈라체디카 프라즈나파라미타 수트라(vajracchedikā-prajñāpāramitā-sūtra)'이다. 바즈라(vajra)는 벼락·번개·금강석이라는 뜻이고, 체디카(cchedikā)는 자르는 것, 부수는 것이라는 뜻이다. 즉, (일체의 고착 관념을) 벼락처럼 부순다, 금강석처럼 자른다는 의미다. 구마라집은 체디카(cchedikā)를 생략하여 금강(金剛)이라 번역했고, 현장(玄奘: 602?~664, 당나라 삼장법사)은 능단금강(能斷金剛)이라 번역했다. 프라즈나파라미타(prajñāpāramitā)는 반야바라밀(般若波羅蜜)이라 음사하는데 '지혜의 완성'이라는 뜻이고, 수트라(sūtra)는 경(經)이라는 뜻이다.

원래 바즈라(vajra)는 천둥신 인드라(indra)의 무기이다. 또 금강저(金剛杵)를 가리키기도 하는데, 이는 부처의 지혜를 상징한다.

무엇을 말하고 있는가

『금강경』은 수보리가 묻고 세존이 대답하거나 세존이 수보리에게 반문하여 대답을 유도하는 형식으로 전개되는데, 수보리의 첫 질문은 "아뇩다라삼먁삼보리를 구하려는 마음을 낸 선남자 선여인은 어떻게 살아야 하고 어떻게 그 마음을 다스려야 합니까?"이다.

이 질문에 대한 세존의 답은 "자아라는 생각, 인간이라는 생각, 중생이라는 생각, 목숨이라는 생각을 갖지 말라"로 시작된다. 왜냐하면 그러한 생각이나 관념이 집착으로 이어지고 견해로 굳어져, 그것으로 말미암아 아만과 탐욕과 증오심을 일으키기 때문이다. 따라서 '자아라는 생각'이 중생의 첫 번째 에고이다. "만약 아라한(阿羅漢)이 '나는 아라한의 경지에 이르렀다'고 생각한다면, 이것도 자아와 인간과 중생과 목숨에 집착하는 것이 된다." 생각에 얽매여도 안 되지만 빛깔·소리·향기·맛·감촉·의식 내용에 얽매여 마음을 내서도 안 되고, 어디에도 얽매이지 않고 마음을 내야 한다는 것이다.

또 세존은 아뇩다라삼먁삼보리에도 집착하지 말라고 했다. 왜냐하면 아뇩다라삼먁삼보리는 언어 저편의, 언어의 그물에 걸리지 않는, 언어가 없어지고 생각이 끊어진 상태다. 그러므로 인식할 수도 없고 설명할 수도 없다. 언어 자체가 이원성(二元性)이기 때문에 언어로써는 일체의 대립을 떠난 비이원성(非二元性)인 아뇩다라삼먁삼보리에 미치지 못하는 것이다.

그러나 이름을 붙이지 않으면 그 어떤 가르침도 설할 수 없으므로 말을 하자니 아뇩다라삼먁삼보리이고 복덕(福德)이고 불법(佛法)이고 아라한이고 장엄(莊嚴)이고 반야바라밀(般若波羅蜜)이고 설법(說法)이고 선법(善法)이니, 거기에 얽매이지 말고 집착하지 말라고 했다. 요컨대 생각과 차별이 곧 얽매임이고 집착이라는 것이다. 생각이 일어나니 온갖 경계(境界)와 틀, 개념과 분별과 차별이 생기고, 중생은 그것들을 고정된 실체로 여겨 집착하지만, 그것들은 생각이 일으킨 허구에 불과하다는 가르침이다. 그래서 "모든 생각을 떠나서 아뇩다라삼먁삼보리를 구하려는 마음을 내야 한다"라고 했다.

 나아가 아뇩다라삼먁삼보리를 구한다는 생각에도 집착하지 말라고 했다. 구하려는 생각이 곧 분별이므로 분별로써 구하려 하면 잡히는 건 결국 분별의 내용일 뿐이다. 그러므로 분별의 축적으로는 결코 무분별의 아뇩다라삼먁삼보리에 이르지 못한다. 그러나 분별과 집착이 폭발해버린, 이원성二元性이 함몰해버린 상태에서는 아뇩다라삼먁삼보리조차 있을 수 없다. 그래서 관념에 대한 집착을 부정하고 또 부정하여 아뇩다라삼먁삼보리까지도 부정한다. 왜냐하면 쇠사슬에 묶이나 금사슬에 묶이나 묶이긴 마찬가지이기 때문이다. 그래서 중생이 일으킨 차별은 허구여서 집착의 대상이 되어서는 안 되지만, 여래(如來)가 일으킨 차별도 뗏목에 불과하므로 거기에 집착하지 말라고 했다. 왜냐하면 여래는 무분별의 경지에서 가르침을 펴기 위해 어쩔 수 없이 언어를 빌려서 차별을 일으키기 때문이다. 달리 표현하면, 같은 말이지만 중생의 말은 '분별의 분별'이고. 여래의 말은 '무분별의 분별'이다. 즉, 여래는 무분별의 바다에서 분별의 파도를 말하지만, 중생은 파도에서 파도를 말한다는 뜻이다. 따라서 『금강경』에서 반복되는 "여래가 말한 X는 X가 아니라고 여래가 설했다. 그래서 여래가 X라고 말한다"에서 첫 번째 X와 세 번째 X는 무분별의 상태에서 가르침을 펴기 위해 여래가 일으킨 차별이고, 두 번째 X는 중생이 번뇌와 망상으로 일으킨 차별이다.

요컨대 『금강경』의 핵심은 반야바라밀, 즉 지혜의 완성이다. 지혜의 완성이란 생각이나 관념이 타파되고, 얽매임이 없고, 차별을 두지 않고, 집착과 견해가 끊어진 상태이다.

『금강경』의 한역

(1) 요진(姚秦) 구마라집 번역: 『금강반야바라밀경』

(2) 북위(北魏) 보리류지(菩提流支, ?-?) 번역: 『금강반야바라밀경』

(3) 진(陳) 진제(眞諦, 499-569) 번역: 『금강반야바라밀경』

(4) 수(隋) 급다(笈多, ?-619) 번역: 『금강능단반야바라밀경(金剛能斷般若波羅密經)』

(5) 당(唐) 현장 번역: 『대반야바라밀다경(大般若波羅蜜多經)』 권 제577 「능단금강분(能斷金剛分)」

(6) 당(唐) 의정(義淨, 635-713) 번역: 『불설능단금강반야바라밀다경(佛說能斷金剛般若波羅蜜多經)』

기존의 한글 옮김에 대하여

『금강경』은 대한불교조계종이 근본 경전으로 삼는 소의경전(所依經典)이다. 한국 불교의 대표 경전이다 보니 지금까지 한글로 옮긴 책이 수십 종이나 된다. 그 책들이 거의 구마라집의 『금강반야바라밀경』을 저본으로 하여 옮기고 해설했는데, 산스크리트 원전이나 그 원전을 직역한 현장의 번역을 비교 검토하지 않고 옮김으로써 『금강경』의 이해에 혼란이 있었다.

물론 구마라집의 번역이 훌륭하고 운율이 제대로 갖추어져 널리 독송되고 있으나 산스크리트 원전과 비교해 볼 때, 의역과 생략이 많아 문맥이 통하지 않는 곳도 있어 명료하게 이해되지 않는 곳이 여러 군데 있다. 하지만 우리나라에서는 『금강경』하면 구마라집의 번역을 독송하고 그 한글 옮김을 읽으므로 그 번역을 중요시하지 않을 수 없다.

이런 점을 감안해 구마라집의 번역을 저본으로 하고, 산스크리트 원전과 보리류지·진제·급다·현장·의정의 번역을 참고하여 옮겼다. 그리고 자세하게 주를 달았고, 구마라집 번역의 문제점도 일일이 지적했다.

하나의 텍스트를 온전히 이해하기 위해서는 그 텍스트의 주제를 정확하게 집어내야 한다. 이게 제대로 되지 않으면 글귀 하나를 옮기는 데도 제각각이고 지나친 추측을 하게 된다.

흔히 『금강경』의 가르침을 '공(空)'과 연관시키나, 이는 너무나 폭넓고 추상적인 발상이다. 앞에서도 언급했듯이 『금강경』의 핵심은 지혜의 완성, 즉 관념과 얽매임과 틀이 깨지고, 집착과 견해가 끊어진 상태임을 말한다. 간략히 말하면 불교의 지혜는 '집착하지 않음'이다. 중생의 가장 끈질긴 집착은 '내 몸, 내 것, 내 생각'이다. 거기에 집착하는 한 지혜도 없고 자비도 없고 열반도 없다.

금강경 역주

1

如是我聞　一時　佛在舍衛國祇樹給孤獨園　與大比丘
여시아문　일시　불재사위국기수급고독원　　여대비구

衆千二百五十人俱　爾時　世尊食時　著衣持鉢　入舍
중천이백오십인구　　이시　세존식시　착의지발　입사

衛大城乞食　於其城中　次第乞已　還至本處　飯食訖
위대성걸식　어기성중　차제걸이　환지본처　반사흘

收衣鉢　洗足已　敷座而坐
　수의발　세족이　부좌이좌

나는 이렇게 들었다.

어느 때 붓다께서 수행이 뛰어난 1,250명의 비구들과 함께 사위국 기수급고독원(祇樹給孤獨園)[1]에 계셨다.

그때 세존께서 식사 때가 되자 가사를 입고 발우를 들고서 걸식하러 사위대성에 들어가셨다. 그 성에서 차례로 걸식하고[2] 나서 본래 머물던 곳으로 돌아와 식사를 마치고, 가사와 발우를 제자리에 놓고 발을 씻은 다음 마련된 자리[3]에 앉으셨다.

時　長老須菩提　在大衆中　卽從座起　偏袒右肩　右膝
시　장로수보리　재대중중　즉종좌기　편단우견　우슬
著地　合掌恭敬　而白佛言　希有世尊　如來善護念諸
착지　합장공경　이백불언　희유세존　여래선호념제
菩薩　善付囑諸菩薩　世尊　善男子善女人　發阿耨多
보살　선부촉제보살　세존　선남자선여인　발아뇩다
羅三藐三菩提心　應云何住　云何降伏其心　佛言　善
라삼먁삼보리심　응운하주　운하항복기심　불언　선
哉善哉　須菩提　如汝所說　如來善護念諸菩薩　善付
재선재　수보리　여여소설　여래선호념제보살　선부
囑諸菩薩　汝今諦聽　當爲汝說　善男子善女人　發阿
촉제보살　여금체청　당위여설　선남자선여인　발아
耨多羅三藐三菩提心　應如是住　如是降伏其心　唯然
뇩다라삼먁삼보리심　응여시주　여시항복기심　유연
世尊　願樂欲聞
세존　원요욕문

　그때 대중 가운데 있던 장로 수보리가 자리에서 일어나, 오
른쪽 어깨를 드러내고[4] 오른쪽 무릎을 땅에 대고 합장하여 공
경하는 자세로 붓다에게 여쭈었다.

  "참으로 귀하신 세존이시여. 여래께서는 모든 보살을 잘 보호하고 염려해주시며, 모든 보살에게 잘 당부하십니다.

  세존이시여, 아뇩다라삼먁삼보리[5]를 구하려는 마음을 낸 선남자 선여인은 어떻게 살아야 하고 어떻게 그 마음을 다스려야 합니까?"

  붓다께서 말씀하셨다.

  "좋고 좋구나. 수보리야, 네가 말한 대로 여래는 모든 보살을 잘 보호하고 염려하며, 모든 보살에게 잘 당부한다. 너는 이제 잘 들어라. 너를 위해 설하겠다. 아뇩다라삼먁삼보리를 구하려는 마음을 낸 선남자 선여인은 이렇게 살아야 하고 이렇게 그 마음을 다스려야 한다."

  "예, 세존이시여" 하며 흔쾌히 듣고자 했다.

佛告須菩提　諸菩薩摩訶薩　應如是降伏其心　所有一
불고수보리　제보살마하살　　응여시항복기심　소유일

切衆生之類　若卵生　若胎生　若濕生　若化生　若有色　若
체중생지류　약난생　　약태생　약습생　약화생　약유색　약

無色　若有想　若無想　若非有想非無想　我皆令入無餘
무색　약유상　　약무상　약비유상비무상　　아개령입무여

涅槃　而滅度之　如是滅度無量無數無邊衆生　實無
열반　이멸도지　　여시멸도무량무수무변중생　　실무

衆生得滅度者　何以故　須菩提　若菩薩有我相6)人
중생득멸도자　하이고　수보리　약보살유아상인

相衆生相壽者相　即非菩薩
상중생상수자상　즉비보살

붓다께서 수보리에게 말씀하셨다.

"모든 보살마하살7)은 이렇게 마음을 다스려야 한다.

'알에서 깨어난 것이나 어미 뱃속에서 태어난 것이나, 습한
데서 생긴 것이나 스스로 생긴 것이나, 형상이 있는 것이나 형
상이 없는 것이나, 생각이 있는 것이나 생각이 없는 것이나,
생각이 있는 것도 아니고 생각이 없는 것도 아닌 온갖 부류의
중생을 내가 다 무여열반(無餘涅槃)8)에 들어 멸도(滅度)9)에

이르게 하겠다. 그러나 이렇게 한량없고 셀 수 없고 끝없는 중생을 멸도에 이르게 했어도 실은 멸도에 이른 중생은 없다.'
왜 그런가? 수보리야, 보살에게 자아라는 생각, 인간이라는 생각, 중생이라는 생각, 목숨이라는 생각이 있으면 보살이 아니기 때문이다.

復次 須菩提 菩薩於法[10] 應無所住 行於布施 所謂不
부차 수보리 보살어법 　응무소주 행어보시 소위부
住色布施 不住聲香味觸法[11]布施 須菩提 菩薩應如是
주색보시 부주성향미촉법보시 　수보리 보살응여시
布施 不住於相[12] 何以故 若菩薩不住相布施 其福德
보시 부주어상 　하이고 약보살부주상보시 기복덕
不可思量 須菩提 於意云何 東方虛空 可思量不 不
불가사량 수보리 어의운하 동방허공 가사량부 　불
也 世尊 須菩提 南西北方 四維上下虛空 可思量不
야 세존 수보리 남서북방 사유상하허공 가사량부
不也 世尊 須菩提 菩薩無住相布施福德 亦復如是
불야 세존 수보리 보살무주상보시복덕 역부여시
不可思量 須菩提 菩薩但應如所敎住
불가사량 수보리 보살단응여소교주

그리고 수보리야, 보살은 대상에 얽매이지 않고 보시해야
한다. 빛깔에 얽매이지 않고 보시해야 하고, 소리·향기·맛·촉
감·의식 내용에 얽매이지 않고 보시해야 한다.

수보리야, 보살은 이렇게 생각에 얽매이지 않고 보시해야
한다.[13] 왜 그리해야 하는가? 보살이 생각에 얽매이지 않고 보

시한다면, 그 복덕을 헤아릴 수 없기 때문이다.

수보리야, 어떻게 생각하느냐? 동쪽 허공을 헤아릴 수 있겠느냐?"

"헤아릴 수 없습니다, 세존이시여."

"수보리야, 남쪽·서쪽·북쪽 허공과 서북·서남·동북·동남 허공과 상·하 허공을 헤아릴 수 있겠느냐?"

"헤아릴 수 없습니다, 세존이시여."

"수보리야, 보살이 생각에 얽매이지 않고 보시하는 복덕도 이와 같아서 헤아릴 수 없다.

수보리야, 보살은 반드시 가르친 대로 살아야 한다.

須菩提 於意云何 可以身相[14] 見如來不 不也 世尊
수보리　어의운하　가이신상　　견여래부 불야 세존
不可以身相 得見如來 何以故 如來所說身相 卽非身
불가이신상 득견여래　하이고　여래소설신상 즉비신
相 佛告須菩提 凡所有相[15] 皆是虛妄 若見諸相非相
상 불고수보리　범소유상　　개시허망　약견제상비상
則見如來
즉견여래

수보리야, 어떻게 생각하느냐? 신체의 특징으로 여래를 볼
수 있겠느냐?"

"아닙니다, 세존이시여. 신체의 특징으로 여래를 볼 수 없
습니다. 왜냐하면 여래께서 말씀하신 신체의 특징은 신체의
특징이 아니기 때문입니다."

붓다께서 수보리에게 말씀하셨다.

"특징이 있는 것은 다 허망하다. 모든 특징을 특징 아닌 것
으로 본다면 여래를 볼 것이다."[16]

須菩提白佛言 世尊 頗有衆生 得聞如是言說章句
수보리백불언　세존　파유중생　득문여시언설장구
生實信不 佛告須菩提 莫作是說 如來滅後 後五百
생실신부　불고수보리　막작시설　여래멸후　후오백
歲 有持戒修福者 於此章句 能生信心 以此爲實 當
세 유지계수복자　어차장구 능생신심　이차위실　당
知是人 不於一佛二佛三四五佛 而種善根 已於無量
지시인　불어일불이불삼사오불　이종선근　이어무량
千萬佛所 種諸善根 聞是章句 乃至一念 生淨信者
천만불소　종제선근　문시장구　내지일념　생정신자

수보리가 붓다에게 여쭈었다.

"세존이시여, 이런 말씀을 듣고서 참되다는 믿음을 낼 중생이 혹 있겠습니까?"

붓다께서 수보리에게 말씀하셨다.

"그런 말 하지 마라. 여래가 입멸한 후 500년 뒤[17]에도 계(戒)를 지키고 복을 짓는 자가 있어, 이 말에 신심을 내고 이것을 참되다고 여길 것이다. 이 사람은 한 부처나 두 부처, 셋·넷·다섯 부처 곁에서만 선근(善根)[18]을 심은 게 아니라 이미

한량없이 많은 부처의 처소에서 온갖 선근을 심었기 때문에
이 말을 듣는 즉시 한마음으로 청정한 믿음을 낼 것임을 알아
야 한다.

須菩提 如來悉知悉見 是諸衆生 得如是無量福德
수보리　여래실지실견　시제중생　득여시무량복덕
何以故 是諸衆生無復我相人相衆生相壽者相　無法
하이고　시제중생무부아상인상중생상수자상　　무법
相[19] 亦無非法相 何以故 是諸衆生 若心取相 則爲著
상　역무비법상　하이고　시제중생　약심취상　즉위착
我人衆生壽者 若取法相 卽著我人衆生壽者 何以故
아인중생수자　약취법상　즉착아인중생수자　하이고
若取非法相 卽著我人衆生壽者 是故不應取法 不應
약취비법상　즉착아인중생수자　시고불응취법　불응
取非法 以是義故 如來常說 汝等比丘 知我說法 如
취비법　이시의고　여래상설　여등비구　지아설법　여
筏喻者 法尙應捨 何況非法
벌유자　법상응사　하황비법

　수보리야, 여래는 이 중생들이 한량없는 복덕을 받을 줄 다
알고 다 본다. 왜 그런가? 이 중생들에게는 자아라는 생각, 인
간이라는 생각, 중생이라는 생각, 목숨이라는 생각이 없고, 진

리라는 생각도 없고 진리가 아니라는 생각도 없기 때문이다.
왜냐하면 중생들이 마음에 생각을 갖게 되면, 자아와 인간과
중생과 목숨에 집착하는 것이 되기 때문이다. 왜 그런가? 진리
라는 생각을 갖더라도 자아와 인간과 중생과 목숨에 집착하는
것이 되고, 진리가 아니라는 생각을 갖더라도 자아와 인간과
중생과 목숨에 집착하는 것이 되기 때문이다. 그러므로 진리
에 집착해서도 안 되고, 진리가 아닌 것에 집착해서도 안 된
다. 이런 뜻에서 여래가 항상 '너희들 비구는 내 설법이 뗏목
같은 줄 아는 자들이니, 진리도 버려야 하거늘 하물며 진리 아
닌 것이랴' 하였다.

須菩提　於意云何　如來得阿耨多羅三藐三菩提耶　如
수보리　어의운하　여래득아뇩다라삼먁삼보리야　　여
來有所說法耶　須菩提言　如我解佛所說義　無有定法
래유소설법야　수보리언　여아해불소설의　　무유정법
名阿耨多羅三藐三菩提　亦無有定法如來可說　何以
명아뇩다라삼먁삼보리　　역무유정법여래가설　　하이
故　如來所說法　皆不可取[20]　不可說　非法　非非法　所以
고　여래소설법　개불가취　　불가설　비법　비비법　소이
者何　一切賢聖[21]　皆以無爲法　而有差別
자하　일체현성　개이무위법　이유차별

수보리야, 어떻게 생각하느냐? 여래가 아뇩다라삼먁삼보리
를 얻었느냐? 여래가 설한 진리가 있느냐?"

수보리가 말했다.

"제가 붓다께서 설하신 뜻을 이해하기로는 아뇩다라삼먁삼
보리라고 할 일정한 진리가 없고, 또 여래께서 설하신 일정한
진리도 없습니다. 왜냐하면 여래께서 설하신 것은 모두 인식
할 수도 없고, 설명할 수도 없고, 진리도 아니고, 진리가 아닌
것도 아니기 때문입니다. 왜 그런가? 모든 성자들은 다 무위
(無爲)의 상태에서 차별을 두기 때문입니다."[22]

須菩提　於意云何　若人滿三千大千世界七寶　以用布
수보리　어의운하　약인만삼천대천세계칠보　　이용보
施　是人所得福德　寧爲多不　須菩提言　甚多　世尊
시　시인소득복덕　영위다부　수보리언　심다　세존
何以故　是福德卽非福德性　是故如來說福德多　若復
하이고　시복덕즉비복덕성　시고여래설복덕다　　약부
有人於此經[11]中　受持乃至四句偈[23]等　爲他人說　其福
유인어차경중　　수지내지사구게등　　위타인설　기복
勝彼　何以故　須菩提　一切諸佛　及諸佛阿耨多羅三
승피　하이고　수보리　일체제불　급제불아뇩다라삼
藐三菩提法　皆從此經出　須菩提　所謂佛法者　卽非
먁삼보리법　개종차경출　수보리　소위불법자　즉비
佛法
불법

"수보리야, 어떻게 생각하느냐? 어떤 사람이 삼천대천세계
[24]에 칠보[25]를 가득 채워 보시한다면, 그가 받을 복덕이 많겠
느냐?"

수보리가 말했다.

"매우 많습니다, 세존이시여. 왜냐하면 그 복덕은 복덕성(福
德性)이 아니기 때문입니다. 그래서 여래께서 복덕이 많다고
하셨습니다."[26]

"그런데 다른 어떤 사람이 이 경에서 네 구절만이라도 받아
지니고 남에게 설해 준다면, 그 복이 저 복보다 나을 것이다.
왜냐하면 수보리야, 모든 부처와, 모든 부처의 아뇩다라삼먁
삼보리법이 다 이 경에서 나오기 때문이다.

그러나 수보리야, 불법(佛法)이라는 것도 불법이 아니다.[27]

須菩提　於意云何　須陀洹　能作是念　我得須陀洹果
수보리　어의운하　수타원　능작시념　아득수타원과

不　須菩提言　不也　世尊　何以故　須陀洹　名爲入流
부　수보리언　불야　세존　하이고　수타원　명위입류

而無所入　不入色聲香味觸法　是名須陀洹　須菩提
이무소입　불입색성향미촉법　　시명수타원　수보리

於意云何　斯陀含　能作是念　我得斯陀含果不　須菩
어의운하　사타함　능작시념　　아득사타함과부　수보

提言　不也　世尊　何以故　斯陀含　名一往來　而實無
리언　불야　세존　하이고　사타함　　명일왕래　이실무

往來　是名斯陀含　須菩提　於意云何　阿那含　能作是
왕래　시명사타함　수보리　어의운하　아나함　능작시

念　我得阿那含果不　須菩提言　不也　世尊　何以故
념　아득아나함과부　　수보리언　불야　세존　하이고

阿那含　名爲不來　而實無不[28]來　是故名阿那含
아나함　명위불래　이실무불래　　시고명아나함

　　수보리야, 어떻게 생각하느냐? 수다원(須陀洹)[29]이 '나는 수
다원의 경지에 이르렀다'고 생각하겠느냐?"
　　수보리가 말했다.

"아닙니다, 세존이시여. 왜냐하면 수다원을 입류(入流)라고 하지만 들어간 곳이 없으니, 빛깔·소리·향기·맛·감촉·의식 내용에 들어가지 않았기 때문입니다. 그래서 수다원이라 하셨습니다."

"수보리야, 어떻게 생각하느냐? 사다함(斯陀含)[30]이 '나는 사다함의 경지에 이르렀다'고 생각하겠느냐?"

수보리가 말했다.

"아닙니다, 세존이시여. 왜냐하면 사다함을 일왕래(一往來)라고 하지만 실은 갔다가 오는 일이 없기 때문입니다. 그래서 사다함이라 하셨습니다."

"수보리야, 어떻게 생각하느냐? 아나함(阿那含)[31]이 '나는 아나함의 경지에 이르렀다'고 생각하겠느냐?"

수보리가 말했다.

"아닙니다, 세존이시여. 왜냐하면 아나함을 불래(不來)라고 하지만 실은 오지 않는 일이 없기 때문입니다. 그래서 아나함이라 하셨습니다."

須菩提 於意云何 阿羅漢 能作是念 我得阿羅漢道
수보리　어의운하　아라한　능작시념 아득아라한도
不 須菩提言 不也 世尊 何以故 實無有法 名阿羅
부　수보리인 불야 세존 하이고 실무유법　명아라
漢 世尊 若阿羅漢作是念 我得阿羅漢道 卽爲著我

한 세존 약아라한작시념 아득아라한도 즉위착아

人衆生壽者 世尊 佛說我得無諍三昧人[32]中 最爲第

인중생수자 세존 불설아득무쟁삼매인중　　최위제

一 是第一離欲阿羅漢 我不作是念 我是離欲阿羅漢

일 시제일이욕아라한　아부작시념　아시이욕아라한

世尊 我若作是念 我得阿羅漢道 世尊則不說 須菩

세존 아약작시념　아득아라한도　세존즉불설　수보

提 是樂阿蘭那行者[33] 以須菩提實無所行 而名須菩

리 시요아란나행자　　이수보리실무소행　이명수보

提 是樂阿蘭那行

리 시요아란나행

"수보리야, 어떻게 생각하느냐? 아라한(阿羅漢)[34]이 '나는 아라한의 경지에 이르렀다'고 생각하겠느냐?"

수보리가 말했다.

"아닙니다, 세존이시여. 왜냐하면 실은 아라한이라 할 것이 없기 때문입니다.

세존이시여, 만약 아라한이 '나는 아라한의 경지에 이르렀다'고 생각한다면, 이는 자아와 인간과 중생과 목숨에 집착하는 것입니다.

세존이시여, 붓다께서는 저를 번뇌 없는 삼매를 얻은 사람 가운데 으뜸이라 하셨는데, 이는 탐욕을 제일 잘 떠난 아라한

이라는 뜻입니다. 그러나 저는 제가 탐욕을 떠난 아라한이라
고 생각하지 않습니다.

세존이시여, 제가 만약 '나는 아라한의 경지에 이르렀다'고
생각한다면 세존께서 '수보리는 번뇌 없는 행을 좋아하는 자
이다. 수보리는 실은 행한 게 없으므로 수보리는 번뇌 없는 행
을 좋아한다'라고 하지 않았을 것입니다."

佛告須菩提　於意云何　如來昔在然燈佛所　於法有所
불고수보리　어의운하　여래석재연등불소　어법유소
得不　世尊　如來在然燈佛所　於法實無所得　須菩提
득부　세존　여래재연등불소　어법실무소득　수보리
於意云何　菩薩莊嚴佛土不　不也　世尊　何以故　莊嚴
어의운하　보살장엄불토부　불야　세존　하이고　장엄
佛土者　則非莊嚴　是名莊嚴　是故須菩提　諸菩薩摩
불토자　즉비장엄　시명장엄　시고수보리　제보살마
訶薩　應如是生淸淨心　不應住色生心　不應住聲香味
하살　응여시생청정심　불응주색생심　불응주성향미
觸法生心　應無所住　而生其心　須菩提　譬如有人　身
촉법생심　응무소주　이생기심　수보리　비여유인　신
如須彌山王　於意云何　是身爲大不　須菩提言　甚大
여수미산왕　어의운하　시신위대부　수보리언　심대
世尊　何以故　佛說非身　是名大身
세존　하이고　불설비신　시명대신

붓다께서 수보리에게 말씀하셨다.

"어떻게 생각하느냐? 여래가 옛적에 연등불(然燈佛)[35] 처소
에서 얻은 진리가 있느냐?"

"세존이시여, 여래께서 연등불 처소에서 얻은 진리가 참으로 없습니다."

"수보리야, 어떻게 생각하느냐? 보살이 불국토를 장엄하느냐?"

"아닙니다, 세존이시여. 왜냐하면 불국토를 장엄한다는 것은 장엄이 아니기 때문입니다. 그래서 장엄이라 하셨습니다."[36]

"그러므로 수보리야, 모든 보살마하살은 이렇게 청정한 마음을 내야 한다. 빛깔에 얽매이지 않고 마음을 내야 하고, 소리·향기·맛·감촉·의식 내용에 얽매이지 않고 마음을 내야 한다. 어디에도 얽매이지 않고 그 마음을 내야 한다.

수보리야, 어떤 사람의 몸이 수미산왕[37]만 하다면 어떻게 생각하느냐? 그 몸이 크다고 하겠느냐?"

수보리가 말했다.

"매우 큽니다, 세존이시여. 왜냐하면 붓다께서 말씀하신 (몸은) 몸이 아니기 때문입니다. 그래서 큰 몸이라 하셨습니다."

須菩提　如恒河中所有沙數　如是沙等恒河　於意云何
수보리　여항하중소유사수　여시사등항하　어의운하
是諸恒河沙　寧爲多不　須菩提言　甚多　世尊　但諸恒
시제항하사　영위다부　수보리언　심다　세존　단제항
河　尙多無數　何況其沙　須菩提　我今實言告汝　若有
하　상다무수　하황기사　수보리　아금실언고여　약유
善男子善女人　以七寶　滿爾所恒河沙數　三千大千世界
선남자선여인　이칠보　만이소항하사수　삼천대천세계
以用布施　得福多不　須菩提言　甚多　世尊　佛告須菩
이용보시　득복다부　수보리언　심다　세존　불고수보
提　若善男子善女人　於此經中　乃至受持四句偈等
리　약선남자선여인　어차경중　내지수지사구게등
爲他人說　而此福德　勝前福德
위타인설　이차복덕　승전복덕

　"수보리야, 갠지스강에 있는 모래알만큼 많은 갠지스강이
있다면, 어떻게 생각하느냐? 이 모든 갠지스강의 모래알이 많
다고 하겠느냐?"

　수보리가 말했다.

　"매우 많습니다, 세존이시여. 모래알만큼의 갠지스강만 해

도 무수히 많은데, 하물며 거기 있는 모래알이겠습니까.”

“수보리야, 내가 이제 사실대로 너에게 말하겠다. 어떤 선남자 선여인이 그 갠지스강의 모래알만큼 많은 삼천대천세계에 칠보를 가득 채워 보시한다면, 그들이 받을 복이 많겠느냐?”

수보리가 말했다.

“매우 많습니다, 세존이시여.”

붓다께서 수보리에게 말씀하셨다.

“그런데 선남자 선여인이 이 경에서 네 구절만이라도 마음에 새기고 남에게 설해 준다면, 이 복덕이 앞의 복덕보다 나을 것이다.”

復次須菩提　隨說是經　乃至四句偈等　當知此處　一
부차수보리　수설시경　내지사구게등　당지차처　일
切世間天人阿修羅　皆應供養　如佛塔廟　何況有人
체세간천인아수라　개응공양　여불탑묘　하황유인
盡能受持讀誦　須菩提　當知是人成就最上第一希有
진능수지독송　수보리　당지시인성취최상제일희유
之法　若是經典所在之處　則爲有佛　若尊重弟子
지법　약시경전소재지처　즉위유불　약존중제자

　그리고 수보리야, 이 경의 네 구절만이라도 설하는 어느 곳이든 모든 세계의 천신과 인간과 아수라가 다 부처의 탑묘(塔廟)[38]에 하듯이 이곳에 공양하리라는 것을 알아야 한다. 하물며 이 경을 죄다 받아 지녀서 읽고 외우는 사람이랴.

　수보리야, 이 사람은 가장 높고 제일 귀한 공덕을 성취하리라는 것을 알아야 한다. 이 경전이 있는 곳은 비로 부처니 존중할 만한 제자가 있는 곳과 같다.”

爾時 須菩提白佛言 世尊 當何名此經 我等云何奉
이시 수보리백불언 세존 당하명차경 아등운하봉
持 佛告須菩提 是經名爲金剛般若波羅蜜 以是名字
지 불고수보리 시경명위금강반야바라밀 이시명자
汝當奉持 所以者何 須菩提 佛說般若波羅蜜 則非
여당봉지 소이자하 수보리 불설반야바라밀 즉비
般若波羅蜜 須菩提 於意云何 如來有所說法不 須
반야바라밀 수보리 어의운하 여래유소설법부 수
菩提白佛言 世尊 如來無所說 須菩提 於意云何 三
보리백불언 세존 여래무소설 수보리 어의운하 삼
千大千世界所有微塵 是爲多不 須菩提言 甚多 世
천대천세계소유미진 시위다부 수보리언 심다 세
尊 須菩提 諸微塵 如來說非微塵 是名微塵 如來說
존 수보리 제미진 여래설비미진 시명미진 여래설
世界 非世界 是名世界
세계 비세계 시명세계

그때 수보리가 붓다에게 여쭈었다.

"세존이시여, 이 경의 이름을 무엇이라 해야 하고, 저희들
이 어떻게 받들어 지녀야 합니까?"

붓다께서 수보리에게 말씀하셨다.

"이 경의 이름은 금강반야바라밀[39]이니, 너희들은 이 이름으로 받들어 지녀야 한다. 왜냐하면 수보리야, 붓다가 말한 반야바라밀은 반야바라밀이 아니기 때문이다.[40]

수보리야, 어떻게 생각하느냐? 여래가 설한 것이 있느냐?"

수보리가 붓다에게 말했다.

"세존이시여, 여래께서 설하신 것이 없습니다."

"수보리야, 어떻게 생각하느냐? 삼천대천세계에 있는 티끌이 많다고 하겠느냐?"

수보리가 말했다.

"매우 많습니다, 세존이시여."

"수보리야, 모든 티끌은 티끌이 아니라고 여래가 설했기 때문에 티끌이라 하고, 여래가 말한 세계도 세계가 아니기 때문에 세계라고 한다.

須菩提　於意云何　可以三十二相　見如來不　不也　世
수보리　어의운하　가이삼십이상　견여래부　불야　세

尊　不可以三十二相　得見如來　何以故　如來說三十
존　불가이삼십이상　득견여래　하이고　여래설삼십

二相　卽是非相　是名三十二相　須菩提　若有善男子
이상　즉시비상　시명삼십이상　수보리　약유선남자

善女人　以恒河沙等身命布施　若復有人　於此經中

선여인 이항하사등신명보시 약부유인 어차경중

乃至受持四句偈等 爲他人說 其福甚多

내지수지사구게등 위타인설 기복심다

　수보리야, 어떻게 생각하느냐? 삼십이상(三十二相)[41]으로
여래를 볼 수 있느냐?”

　“아닙니다, 세존이시여. 삼십이상으로 여래를 볼 수 없습니
다. 왜냐하면 여래께서 말씀하신 삼십이상은 삼십이상이 아니
기 때문입니다. 그래서 삼십이상이라 하셨습니다.”

　“수보리야, 어떤 선남자 선여인이 갠지스강의 모래알만큼
많은 신명(身命)을 바쳐 보시하더라도, 다른 어떤 사람이 이
경에서 네 구절만이라도 마음에 새기고 남에게 설해 준다면
그 복이 (저 복보다) 훨씬 많을 것이다.”

爾時　須菩提　聞說是經　深解義趣　涕淚悲泣　而白佛
이시　수보리　문설시경　심해의취　체루비읍　이백불
言　希有　世尊　佛說如是甚深經典　我從昔來所得慧
언　희유　세존　불설여시심심경전　아종석래소득혜
眼　未曾得聞如是之經　世尊　若復有人　得聞是經　信
안　미증득문여시지경　세존　약부유인　득문시경　신
心淸淨　則生實相[42]　當知是人成就第一希有功德　世
심청정　즉생실상　　당지시인성취제일희유공덕　세
尊　是實相者　則是非相　是故如來說名實相
존　시실상자　즉시비상　시고여래설명실상

그때 수보리가 이 경을 듣고 그 뜻을 깊이 이해하고는 눈물
을 흘리면서 붓다에게 말했다.

"놀라운 일입니다, 세존이시여. 붓다께서는 이렇게 깊고 깊
은 경전을 설하셨습니다. 제가 예전에 지혜의 눈이 생긴 이래
[43] 이런 경은 이제껏 들어본 적이 없습니다.

세존이시여, 어떤 사람이 이 경을 듣고 신심이 청정해지면
참되다는 생각이 생길 것이니, 이 사람은 제일 귀한 공덕을 성
취할 것임을 알겠습니다.

그러나 세존이시여, 이 참되다는 생각은 생각이 아닙니다.

그래서 여래께서 참되다는 생각이라 하셨습니다.

世尊 我今得聞如是經典 信解受持 不足爲難 若當
세존 아금득문여시경전 신해수지 부족위난 약당
來世 後五百歲 其有衆生 得聞是經 信解受持 是人
내세 후오백세 기유중생 득문시경 신해수지 시인
則爲第一希有 何以故 此人無我相人相衆生相壽者
즉위제일희유 하이고 차인무아상인상중생상수자
相 所以者何 我相 卽是非相 人相衆生相壽者相 卽
상 소이자하 아상 즉시비상 인상중생상수자상 즉
是非相 何以故 離一切諸相 則名諸佛 佛告須菩提
시비상 하이고 이일체제상 즉명제불 불고수보리
如是如是 若復有人 得聞是經 不驚不怖不畏 當知
여시여시 약부유인 득문시경 불경불포불외 당지
是人 甚爲希有 何以故 須菩提 如來說第一波羅蜜
시인 심위희유 하이고 수보리 여래설제일바라밀
非第一波羅蜜 是名第一波羅蜜
비제일바라밀 시명제일바라밀

세존이시여, 제가 지금 이런 경전을 듣고서 믿고 이해하고
마음에 새기는 것은 그다지 어렵지 않습니다. 그러나 미래의
500년 뒤에도 어떤 중생이 이 경을 듣고서 믿고 이해하고 마

음에 새긴다면, 그 사람은 제일 귀할 것입니다. 왜 그런가? 그 사람에게는 자아라는 생각이 없고, 인간이라는 생각이 없고, 중생이라는 생각이 없고, 목숨이라는 생각이 없기 때문입니다. 왜냐하면 자아라는 생각은 생각이 아니고, 인간이라는 생각과 중생이라는 생각과 목숨이라는 생각도 생각이 아니기 때문입니다. 왜냐하면 모든 생각을 떠난 자를 부처라고 하기 때문입니다."

붓다께서 수보리에게 말씀하셨다.

"그렇다, 그렇다. 또 어떤 사람이 이 경을 듣고서 놀라지 않고 두려워하지 않고 무서워하지 않는다면, 그 사람은 아주 귀한 줄 알아야 한다. 왜 그런가? 수보리야, 여래가 설한 제일바라밀은 제일바라밀이 아니기 때문이다. 그래서 제일바라밀이라 한다.

須菩提 忍辱波羅蜜 如來說非忍辱波羅蜜 何以故
수보리 인욕바라밀 여래설비인욕바라밀 하이고

須菩提 如我昔爲歌利王 割截身體 我於爾時 無我相
수보리 여아석위가리왕 할절신체 아어이시 무아상

無人相 無衆生相 無壽者相 何以故 我於往昔 節節
무인상 무중생상 무수자상 하이고 아어왕석 절절

支解時 若有我相人相衆生相壽者相 應生瞋恨 須菩
지해시 약유아상인상중생상수자상 응생진한 수보

提 又念過去於五百世 作忍辱仙人[44] 於爾所世 無我
리 우념과거어오백세 작인욕선인　어이소세 무아

相 無人相 無衆生相 無壽者相
상 무인상 무중생상 무수자상

수보리야, 인욕바라밀은 인욕바라밀이 아니라고 여래가 설
했다. 왜냐하면 수보리야, 내가 옛날 가리왕(歌利王)[45]에게 몸
이 갈기갈기 잘릴 그때에 나에게 자아라는 생각이 없었고, 인
간이라는 생각이 없었고, 중생이라는 생각이 없었고, 목숨이
라는 생각이 없었기 때문이다. 왜냐하면 내가 옛날 사지가 마
디마디 잘릴 때 나에게 자아라는 생각과 인간이라는 생각과
중생이라는 생각과 목숨이라는 생각이 있었다면, 성내고 원망
했을 것이기 때문이다.

　수보리야, 또 500생애 동안 인욕을 설하는 성자로 있었던
과거를 기억해보니, 그때에도 자아라는 생각이 없었고, 인간
이라는 생각이 없었고, 중생이라는 생각이 없었고, 목숨이라
는 생각이 없었다.

是故須菩提 菩薩應離一切相[46] 發阿耨多羅三藐三菩
시고수보리 보살응리일체상　발아뇩다라삼먁삼보

提心 不應住色生心 不應住聲香味觸法生心 應生無

리심 불응주색생심 불응주성향미촉법생심 응생무
所住心 若心有住 則爲非住 是故佛說菩薩 心不應
소주심 약심유주 즉위비주 시고불설보살 심불응
住色布施 須菩提 菩薩爲利益一切衆生 應如是布施
주색보시 수보리 보살위이익일체중생 응여시보시
如來說一切諸相[47] 卽是非相 又說一切衆生 則非衆
여래설일체제상   즉시비상 우설일체중생 즉비중
生 須菩提 如來是眞語者 實語者 如語者 不誑語者
생 수보리 여래시진어자 실어자 여어자 불광어자
不異語者 須菩提 如來所得法 此法無實無虛
불이어자 수보리 여래소득법 차법무실무허

그러므로 수보리야, 보살은 모든 생각을 떠나서 아뇩다라삼
먁삼보리를 구하려는 마음을 내야 한다. 빛깔에 얽매이지 않
고 마음을 내야 하고, 소리·향기·맛·감촉·의식 내용에 얽매이
지 않고 마음을 내야 한다. 어디에도 얽매이지 않고 마음을 내
야 한다. 마음에 얽매임이 있어도 그것은 얽매임이 아닌 것으
로 된다.[48] 그래서 붓다는, 보살은 마음을 빛깔에 얽매지 않고
보시해야 한다고 설했다.

　수보리야, 보살은 모든 중생을 이롭게 하기 위해 이렇게 보
시해야 한다. 여래가 말한 모든 생각은 생각이 아니고, 모든
중생도 중생이 아니다.

수보리야, 여래는 참되게 말하는 자이며, 사실대로 말하는
자이며, 있는 그대로 말하는 자이며, 거짓말하지 않는 자이며,
딴 말 하지 않는 자이다.

그러나 수보리야, 여래가 얻은 경지에는 참도 없고 거짓도
없다.

須菩提 若菩薩心住於法[49] 而行布施 如人入闇 則無
수보리 약보살심주어법　　이행보시 여인입암 즉무
所見 若菩薩心不住法[50] 而行布施 如人有目 日光明
소견 약보살심부주법　　이행보시 여인유목 일광명
照 見種種色 須菩提 當來之世 若有善男子善女人
조 견종종색 수보리 당래지세 약유선남자선여인
能於此經 受持讀誦 則爲如來 以佛智慧 悉知是人
능어차경 수지독송 즉위여래 이불지혜 실지시인
悉見是人 皆得成就無量無邊功德
실견시인 개득성취무량무변공덕

수보리야, 보살이 마음을 대상에 얽매고 보시하면 어두운
곳에 들어간 사람이 아무 것도 보지 못하는 것과 같고, 보살이
마음을 대상에 얽매지 않고 보시하면 눈이 온전한 사람이 밝
은 햇빛에서 갖가지 형색을 보는 것과 같다.

　수보리야, 미래에 선남자 선여인이 이 경을 받아 지녀서 읽고 외운다면, 여래가 부처의 지혜로 이들을 다 알고 다 보나니, 이들은 한량없고 끝없는 공덕을 성취할 것이다.

15

須菩提 若有善男子善女人 初日分 以恒河沙等身布
수보리 약유선남자선여인 초일분 이항하사등신보

施 中日分 復以恒河沙等身布施 後日分 亦以恒河
시 중일분 부이항하사등신보시 후일분 역이항하

沙等身布施 如是無量百千萬億劫 以身布施 若復有
사등신보시 여시무량백천만억겁 이신보시 약부유

人 聞此經典 信心不逆 其福勝彼 何況書寫受持讀
인 문차경전 신심불역 기복승피 하황서사수지독

誦 爲人解說 須菩提 以要言之 是經有不可思議不可
송 위인해설 수보리 이요언지 시경유불가사의불가

稱量無邊功德 如來爲發大乘[51]者說 爲發最上乘[52]者說
칭량무변공덕 여래위발대승자설 위발최상승자설

수보리야, 선남자 선여인이 아침에 갠지스강의 모래알만큼
많은 몸을 보시하고, 낮에 또 갠지스강의 모래알만큼 많은 몸
을 보시하고, 저녁에도 갠지스강의 모래알만큼 많은 몸을 보
시하여, 이런 식으로 한량없는 백천만억 겁 동안 몸을 보시하
더라도, 다른 어떤 사람이 이 경전을 듣고 신심을 내고 거스르
지 않는다면, 그 복이 저 복보다 나을 것이다. 하물며 이 경을
받아 지녀서 베껴 쓰고, 읽고, 외우고, 남에게 해설해 준다면

어떻겠느냐.

　수보리야, 요컨대 이 경에는 생각할 수도 없고 헤아릴 수도 없는 끝없는 공덕이 있나니, 여래는 가장 앞선 가르침을 구하려는 자를 위해 설했고, 가장 뛰어난 가르침을 구하려는 자를 위해 설했다.

若有人能受持讀誦　廣爲人說　如來悉知是人　悉見是
약유인능수지독송　광위인설　여래실지시인　실견시
人　皆得成就不可量不可稱無有邊不可思議功德　如
인　개득성취불가양불가칭무유변불가사의공덕　여
是人等　則爲荷擔如來阿耨多羅三藐三菩提　何以故
시인등　즉위하담여래아뇩다라삼먁삼보리　하이고
須菩提　若樂小法者　著我見人見衆生見壽者見　則於
수보리　약요소법자　착아견인견중생견수자견　즉어
此經　不能聽受讀誦　爲人解說　須菩提　在在處處　若
차경　불능청수독송　위인해설　수보리　재재처처　약
有此經　一切世間天人阿修羅　所應供養　當知此處　則
유차경　일체세간천인아수라　소응공양　당지차처　즉
爲是塔　皆應恭敬　作禮圍繞　以諸華香　而散其處
위시탑　개응공경　작례위요　이제화향　이산기처

　어떤 사람들이 이 경을 받아 지녀서 읽고 외우고 널리 남에게 설해 준다면, 여래가 이들을 다 알고 다 보나니 모두 헤아릴 수 없고, 가늠할 수 없고, 끝없고, 생각할 수 없는 공덕을 성취할 것이며 이런 사람들은 여래의 아뇩다라삼먁삼보리를 짊어질 것이다.[53] 왜 그런가? 수보리야, 열등한 가르침을 좋아하는 사람들은 자아라는 견해, 인간이라는 견해, 중생이라는 견해, 목숨이라는 견해에 집착하여 이 경을 듣고, 받아 지니고, 읽고, 외워 남에게 해설해 주지 못하기 때문이다.

수보리야, 어느 곳이든 이 경이 있으면 모든 세계의 천신과 인간과 아수라에게 공양 받을 것이다. 이곳이 탑이 되어 모두 공경하는 마음으로 예배하고 주위를 돌면서 갖가지 꽃과 향을 그곳에 뿌릴 것임을 알아야 한다.

16

復次須菩提 善男子善女人 受持讀誦此經 若爲人輕
부차수보리 선남자선여인 수지독송차경 약위인경

賤 是人先世罪業 應墮惡道 以今世人輕賤故 先世罪
천 시인선세죄업 응타악도 이금세인경천고 선세죄

業 則爲消滅 當得阿耨多羅三藐三菩提 須菩提 我
업 즉위소멸 당득아뇩다라삼먁삼보리 수보리 아

念過去無量阿僧祇劫 於然燈佛前 得値八百四千萬
념과거무량아승기겁 어연등불전 득치팔백사천만

億那由他諸佛 悉皆供養承事 無空過者 若復有人
억나유타제불 실개공양승사 무공과자 약부유인

於後末世 能受持讀誦此經 所得功德 於⁵⁴⁾我所供養諸
어후말세 능수지독송차경 소득공덕 어아소공양제

佛功德 百分不及一 千萬億分 乃至算數譬喻 所不
불공덕 백분불급일 천만억분 내지산수비유 소불

能及 須菩提 若善男子善女人 於後末世 有受持讀
능급 수보리 약선남자선여인 어후말세 유수지독

誦此經 所得功德 我若具說者 或有人聞 心則狂亂
송차경 소득공덕 아약구설자 혹유인문 심즉광란

狐疑不信 須菩提 當知是經 義不可思議 果報亦不 可思議
호의불신 수보리 당지시경 의불가사의 과보역불 가사의 그런데 수보리야, 선남자 선여인이 이 경을 받아 지녀서 읽고 외우는데도 남에게 경멸과 천대를 받는다면, 이 사람은 전생의 죄업으로 악도(惡道)[55]에 떨어져야겠지만 금생에 남에게 경멸과 천대를 받는 것으로 전생의 죄업이 바로 소멸되어 아뇩다라삼먁삼보리를 얻을 것이다.

수보리야, 내가 한량없는 아승기겁(阿僧祇劫)[56]의 과거를 기억해보니, 연등불을 뵙기 전에도 8백 4천만억 나유타(那由他)[57]의 많은 부처를 만났는데, 그냥 지나친 적 없이 모두에게 공양하고 받들어 섬겼다.

그런데 훗날 말세[58]에 어떤 사람이 이 경을 받아 지니고 읽고 외워서 얻을 공덕은, 내가 그 많은 부처에게 공양한 공덕으로는 백 분의 일에도 미치지 못하고 천만억 분의 일에도 미치지 못하며, 어떤 계산이나 비유로도 미칠 수 없다.

수보리야, 훗날 말세에 선남자 선여인이 이 경을 받아 지니고 읽고 외워서 얻을 공덕을 내가 일일이 다 말한다면, 혹 어떤 사람은 그것을 듣고서 마음이 몹시 혼란스러워 의심하고 믿지 않을 것이다.

수보리야, 이 경은 뜻도 헤아릴 수 없고, (읽고 외운) 과보도 헤아릴 수 없다는 것을 알아야 한다.”

爾時　須菩提白佛言　世尊　善男子善女人　發阿耨多
이시　수보리백불언　세존　선남자선여인　발아뇩다
羅三藐三菩提心　云何應住　云何降伏其心　佛告須菩
라삼먁삼보리심　운하응주　운하항복기심　불고수보
提　善男子善女人　發阿耨多羅三藐三菩提者　當生如
리　선남자선여인　발아뇩다라삼먁삼보리자　당생여
是心　我應滅度一切衆生　滅度一切衆生已　而無有一
시심　아응멸도일체중생　멸도일체중생이　이무유일
衆生　實滅度者　何以故　須菩提　若菩薩　有我相人相
중생　실멸도자　하이고　수보리　약보살　유아상인상
衆生相壽者相　則非菩薩　所以者何　須菩提　實無有
중생상수자상　즉비보살　소이자하　수보리　실무유
法　發阿耨多羅三藐三菩提者
법　발아뇩다라삼먁삼보리자

그때 수보리가 붓다에게 여쭈었다.

"세존이시여, 아뇩다라삼먁삼보리를 구하려는 마음을 낸 선남자 선여인은 어떻게 살아야 하고 어떻게 그 마음을 다스려야 합니까?"

붓다께서 수보리에게 말씀하셨다.

"아뇩다라삼먁삼보리를 구하려는 선남자 선여인은 이런 마음을 내야 한다.

'나는 모든 중생을 멸도(滅度)에 이르게 하겠다. 그러나 모든 중생을 멸도에 이르게 했어도 실은 멸도에 이른 중생은 하나도 없다.'

왜 그런가? 수보리야, 보살에게 자아라는 생각, 인간이라는 생각, 중생이라는 생각, 목숨이라는 생각이 있으면 보살이 아니기 때문이다.

왜냐하면 수보리야, 아뇩다라삼먁삼보리를 구하려는 마음을 낸다는 것이 실은 없기 때문이다.[59]

須菩提 於意云何 如來於然燈佛所 有法得阿耨多羅
수보리 어의운하 여래어연등불소 유법득아뇩다라
三藐三菩提不 不也 世尊 如我解佛所說義 佛於然
삼먁삼보리부 불야 세존 여아해불소설의 불어연
燈佛所 無有法 得阿耨多羅三藐三菩提 佛言 如是如
등불소 무유법 득아뇩다라삼먁삼보리 불언 여시여
是 須菩提 實無有法 如來得阿耨多羅三藐三菩提
시 수보리 실무유법 여래득아뇩다라삼먁삼보리
須菩提 若有法 如來得阿耨多羅三藐三菩提者 然燈
수보리 약유법 여래득아뇩다라삼먁삼보리자 연등
佛 則不與我受記 汝於來世 當得作佛 號釋迦牟尼

불 즉불여아수기 여어내세 당득작불 호석가모니
以實無有法　得阿耨多羅三藐三菩提　是故然燈佛　與
이실무유법　득아뇩다라삼먁삼보리　시고연등불　여
我受記　作是言　汝於來世　當得作佛　號釋迦牟尼　何
아수기　작시언　여어내세　당득작불　호석가모니　하
以故　如來者　卽諸法如義[60]
이고　여래자　즉제법여의

수보리야, 어떻게 생각하느냐? 여래가 연등불(然燈佛) 처소
에서 아뇩다라삼먁삼보리라는 것을 얻었느냐?”

“아닙니다, 세존이시여. 제가 붓다께서 설하신 뜻을 이해하
기로는 붓다께서 연등불 처소에서 아뇩다라삼먁삼보리라는
것을 얻은 일이 없습니다.”

붓다께서 말씀하셨다.

“그렇다, 그렇다. 수보리야, 여래가 아뇩다라삼먁삼보리라
는 것을 얻은 일이 참으로 없다.

수보리야, 만약 여래가 아뇩다라삼먁삼보리라는 것을 얻었
다면, 연등불께서 나에게 ‘너는 내세에 부처가 되어 석가모니
라고 불릴 것이다’라고 수기(受記)[61]하시지 않았을 것이지만,
실은 아뇩다라삼먁삼보리라는 것을 얻은 일이 없기 때문에 연
등불께서 나에게 수기하시면서 ‘너는 내세에 부처가 되어 석
가모니라고 불릴 것이다’라고 하셨다. 왜냐하면 여래란 있는

그대로의 참모습을 뜻하기 때문이다.

若有人言 如來得阿耨多羅三藐三菩提 須菩提 實無
약유인언 여래득아뇩다라삼먁삼보리 수보리 실무
有法 佛得阿耨多羅三藐三菩提 須菩提 如來所得阿
유법 불득아뇩다라삼먁삼보리 수보리 여래소득아
耨多羅三藐三菩提 於是中無實無虛 是故如來說 一
뇩다라삼먁삼보리 어시중무실무허 시고여래설 일
切法皆是佛法 須菩提 所言一切法者 卽非一切法
체법개시불법 수보리 소언일체법자 즉비일체법
是故名一切法 須菩提 譬如人身長大 須菩提言 世
시고명일체법 수보리 비여인신장대 수보리언 세
尊 如來說人身長大 則爲非大身 是名大身 須菩提
존 여래설인신장대 즉위비대신 시명대신 수보리
菩薩亦如是 若作是言 我當滅度無量衆生 則不名菩
보살역여시 약작시언 아당멸도무량중생 즉불명보
薩 何以故 須菩提 實無有法 名爲菩薩 是故佛說一
살 하이고 수보리 실무유법 명위보살 시고불설일
切法 無我無人無衆生無壽者
체법 무아무인무중생무수자

어떤 사람이 여래가 아뇩다라삼먁삼보리를 얻었다고 말하

더라도 수보리야, 붓다가 아뇩다라삼먁삼보리라는 것을 얻은 일이 참으로 없다.

수보리야, 여래가 얻은 아뇩다라삼먁삼보리에는 참도 없고 거짓도 없다. 그러므로 여래는 모든 현상이 다 불법(佛法)이라 설한다.

수보리야, 모든 현상이란 모든 현상이 아니다. 그래서 모든 현상이라 한다.

수보리야, 마치 사람의 몸이 크다는 것과 같다."

수보리가 말했다.

"세존이시여, 여래께서 말씀하신 사람의 몸이 크다는 것은 큰 몸이 아닙니다. 그래서 큰 몸이라 하셨습니다."

"수보리야, 보살도 그러하여 '내가 한량없는 중생을 멸도(滅度)에 이르게 하겠다'고 한다면 보살이라 할 수 없다. 왜냐하면 수보리야, 보살이라 할 것이 실은 없기 때문이다. 그러므로 붓다는 모든 현상에는 자아도 없고, 인간도 없고, 중생도 없고, 목숨도 없다고 설했다.

須菩提 若菩薩作是言 我當莊嚴佛土 是不名菩薩
수보리 약보살작시언 아당장엄불토 시불명보살
何以故 如來說莊嚴佛土者 卽非莊嚴 是名莊嚴 須
하이고 여래설장엄불토자 즉비장엄 시명장엄 수
菩提 若菩薩通達無我法者 如來說名眞是菩薩

　수보리야, 보살이 '내가 불국토를 장엄하겠다'고 한다면 보살이라 할 수 없다. 왜냐하면 여래가 말한 불국토를 장엄한다는 것은 장엄이 아니기 때문이다. 그래서 장엄이라 한다.
　수보리야, 보살이 무아법(無我法)을 통달한다면 여래는 그를 참된 보살이라 한다."

須菩提 於意云何 如來有肉眼不 如是 世尊 如來有
수보리 어의운하 여래유육안부 여시 세존 여래유
肉眼 須菩提 於意云何 如來有天眼不 如是 世尊
육안 수보리 어의운하 여래유천안부 여시 세존
如來有天眼 須菩提 於意云何 如來有慧眼不 如是
여래유천안 수보리 어의운하 여래유혜안부 여시
世尊 如來有慧眼 須菩提 於意云何 如來有法眼不
세존 여래유혜안 수보리 어의운하 여래유법안부
如是 世尊 如來有法眼 須菩提 於意云何 如來有佛
여시 세존 여래유법안 수보리 어의운하 여래유불
眼不 如是 世尊 如來有佛眼
안부 여시 세존 여래유불안

"수보리야, 어떻게 생각하느냐? 여래에게 육안(肉眼)이 있
느냐?"

"그렇습니다, 세존이시여. 여래에게 육안이 있습니다."

"수보리야, 어떻게 생각하느냐? 여래에게 천안(天眼)이 있
느냐?"

"그렇습니다, 세존이시여. 여래에게 천안이 있습니다."

"수보리야, 어떻게 생각하느냐? 여래에게 혜안(慧眼)이 있

느냐?”

“그렇습니다, 세존이시여. 여래에게 혜안이 있습니다.”

“수보리야, 어떻게 생각하느냐? 여래에게 법안(法眼)이 있
느냐?”

“그렇습니다, 세존이시여. 여래에게 법안이 있습니다.”

“수보리야, 어떻게 생각하느냐? 여래에게 불안(佛眼)이 있
느냐?”

“그렇습니다, 세존이시여. 여래에게 불안이 있습니다.”

須菩提　於意云何　恒河中所有沙　佛說是沙不　如是
수보리　어의운하　항하중소유사　불설시사부　여시
世尊　如來說是沙　須菩提　於意云何　如一恒河中所
세존　여래설시사　수보리　어의운하　여일항하중소
有沙　有如是等恒河　是諸恒河所有沙數佛世界　如是
유사　유여시등항하　시제항하소유사수불세계　여시
寧爲多不　甚多　世尊　佛告須菩提　爾所國土中所有
영위다부　심다　세존　불고수보리　이소국토중소유
衆生　若干種心　如來悉知　何以故　如來說諸心　皆爲
중생　약간종심　여래실지　하이고　여래설제심　개위
非心　是名爲心　所以者何　須菩提　過去心不可得[62]
비심　시명위심　소이자하　수보리　과거심불가득
現在心不可得　未來心不可得
현재심불가득　미래심불가득

“수보리야, 어떻게 생각하느냐? 갠지스강의 모래를 붓다가 말한 적이 있느냐?”

“그렇습니다, 세존이시여. 여래께서 그 모래를 말씀하셨습니다.”

“수보리야, 어떻게 생각하느냐? 한 갠지스강의 모래알만큼 많은 갠지스강이 있고, 이 모든 갠지스강의 모래알만큼 부처의 세계가 있다면, 그것을 많다고 하겠느냐?”

“매우 많습니다, 세존이시여.”

붓다께서 수보리에게 말씀하셨다.

“그 국토에 있는 중생들의 갖가지 마음을 여래는 다 안다. 왜 그런가? 여래가 말한 갖가지 마음은 모두 마음이 아니기 때문이다. 그래서 마음이라 한다. 왜냐하면 수보리야, 과거의 마음도 인식할 수 없고 현재의 마음도 인식할 수 없고 미래의 마음도 인식할 수 없기 때문이다.

須菩提　於意云何　若有人滿三千大千世界七寶　以用
수보리　어의운하　약유인만삼천대천세계칠보　이용
布施　是人以是因緣　得福多不　如是　世尊　此人以是
보시　시인이시인연　득복다부　여시　세존　차인이시
因緣　得福甚多　須菩提　若福德有實　如來不說得福
인연　득복심다　수보리　약복덕유실　여래불설득복
德多　以福德無故　如來說得福德多
덕다　이복덕무고　여래설득복덕다

수보리야, 어떻게 생각하느냐? 어떤 사람이 삼천대천세계에 칠보를 가득 채워 보시한다면, 이 사람은 이 인연으로 받을 복이 많겠느냐?"

"그렇습니다, 세존이시여. 이 사람은 이 인연으로 매우 많은 복을 받을 것입니다."

"수보리야, 복덕이라는 게 실제로 있다면, 받을 복덕이 많다고 여래가 말하지 않았을 것이다. 그러나 복덕이라는 게 없기 때문에 받을 복덕이 많다고 여래가 말했다.

須菩提　於意云何　佛可以具足色身見不　不也　世尊
수보리　어의운하　불가이구족색신견부　불야　세존
如來不應以具足色身見　何以故　如來說具足色身　卽
여래불응이구족색신견　하이고　여래설구족색신　즉
非具足色身　是名具足色身　須菩提　於意云何　如來
비구족색신　시명구족색신　수보리　어의운하　여래
可以具足諸相[63]見不　不也　世尊　如來不應以具足諸
가이구족제상　견부　불야　세존　여래불응이구족제
相見　何以故　如來說諸相具足　卽非具足　是名諸相
상견　하이고　여래설제상구족　즉비구족　시명제상
具足
구족

　수보리야, 어떻게 생각하느냐? 잘 갖추어진 신체로 부처를
볼 수 있겠느냐?”

　“아닙니다, 세존이시여. 잘 갖추어진 신체로 여래를 볼 수
없습니다. 왜냐하면 여래께서 말씀하신 잘 갖추어진 신체는
잘 갖추어진 신체가 아니기 때문입니다. 그래서 잘 갖추어진
신체라고 하셨습니다.”

　“수보리야, 어떻게 생각하느냐? 잘 갖추어진 갖가지 특징으

로 여래를 볼 수 있겠느냐?"

"아닙니다, 세존이시여. 잘 갖추어진 갖가지 특징으로 여래를 볼 수 없습니다. 왜냐하면 여래께서 말씀하신 갖가지 특징을 잘 갖추었다는 것은 잘 갖춘 것이 아니기 때문입니다. 그래서 갖가지 특징을 잘 갖추었다고 하셨습니다."

21

須菩提　汝勿謂如來作是念　我當有所說法　莫作是念
수보리　여물위여래작시념　아당유소설법　막작시념
何以故　若人言如來有所說法　卽爲謗佛　不能解我所
하이고　약인언여래유소설법　즉위방불　불능해아소
說故　須菩提　說法者　無法可說　是名說法　爾時　慧
설고　수보리　설법자　무법가설　시명설법　이시　혜
命須菩提白佛言　世尊　頗有衆生　於未來世　聞說是
명수보리백불언　세존　파유중생　어미래세　문설시
法　生信心不　佛言　須菩提　彼非衆生　非不衆生　何
법　생신심부　불언　수보리　피비중생　비불중생　하
以故　須菩提　衆生衆生者　如來說非衆生　是名衆生[64]
이고　수보리　중생중생자　여래설비중생　시명중생

"수보리야, 너는 여래가 '내가 설한 게 있다'는 생각을 한다
고 하지 마라. 그런 생각 하지 마라. 왜냐하면 어떤 사람이 '여
래가 설한 게 있다'고 한다면 그는 부처를 비방하는 것이니,
내 말을 이해하지 못했기 때문이다.

　수보리야, 설법이란 설할 만한 게 없다는 것이다. 그래서 설
법이라 한다."

　그때 혜명(慧命) 수보리가 붓나에게 여쭈었다.

"세존이시여, 미래에 이 가르침을 듣고 신심을 낼 중생이
혹 있겠습니까?"
붓다께서 말씀하셨다.
"수보리야, 그들은 중생이 아니고 중생이 아닌 것도 아니다.
왜냐하면 수보리야, 중생이라는 것은 중생이 아니라고 여래가
설했기 때문이다. 그래서 중생이라 한다."

"세존이시여, 미래에 이 가르침을 듣고 신심을 낼 중생이

須菩提白佛言　世尊　佛得阿耨多羅三藐三菩提　爲無
수보리백불언　세존　불득아뇩다라삼먁삼보리　위무
所得耶　如是如是　須菩提　我於阿耨多羅三藐三菩提
소득야　여시여시　수보리　아어아뇩다라삼먁삼보리
乃至無有少法可得　是名阿耨多羅三藐三菩提
내지무유소법가득　시명아뇩다라삼먁삼보리

수보리가 붓다에게 여쭈었다.

"세존이시여, 붓다께서 아뇩다라삼먁삼보리를 얻으셨다는
것이 얻으신 게 없다는 말씀입니까?"

"그렇다, 그렇다. 수보리야, 내가 아뇩다라삼먁삼보리에서
조그만 것도 얻은 게 없기 때문에 아뇩다라삼먁삼보리라고
한다.

復次須菩提　是法平等　無有高下　是名阿耨多羅三藐
부차수보리　시법평등　무유고하　시명아뇩다라삼먁
三菩提　以無我無人無衆生無壽者　修一切善法　則
삼보리　이무아무인무중생무수자　수일체선법　즉
得阿耨多羅三藐三菩提　須菩提　所言善法者　如來說
득아뇩다라삼먁삼보리　수보리　소언선법자　여래설
非善法　是名善法
비선법　시명선법

그리고 수보리야, 이 법은 평등하여 높고 낮음이 없으므로
아뇩다라삼먁삼보리라고 한다. 자아도 없고 인간도 없고 중생
도 없고 목숨도 없이 온갖 선법(善法)을 닦으면 아뇩다라삼먁
삼보리를 얻는다.

수보리야, 선법(善法)이라는 것은 선법이 아니라고 여래가
설했다. 그래서 선법이라 한다.

須菩提　若三千大千世界中　所有諸須彌山王　如是等
수보리　약삼천대천세계중　소유제수미산왕　여시등
七寶聚　有人持用布施　若人以此般若波羅蜜經　乃至
칠보취　유인지용보시　약인이차반야바라밀경　내지
四句偈等　受持讀誦　爲他人說　於[65]前福德　百分不及
사구게등　수지독송　위타인설　어　전　복　덕　백분불급
一　百千萬億分　乃至算數譬喻　所不能及
일　백천만억분　내지산수비유　소불능급

　수보리야, 어떤 사람이 삼천대천세계에 있는 모든 수미산왕
만큼의 칠보 무더기를 가져다 보시하더라도, 다른 어떤 사람
이 이 반야바라밀경에서 네 구절만이라도 받아 지녀서 읽고
외우고 남에게 설해 준다면, 앞의 복덕은 (이 복덕의) 백분의
일에도 미치지 못하고 백천만억분의 일에도 미치지 못하며,
어떤 계산이니 비유로도 미칠 수 없을 것이다.

須菩提 於意云何 汝等勿謂如來作是念 我當度衆生
수보리 어의운하 여등물위여래작시념 아당도중생
須菩提 莫作是念 何以故 實無有衆生如來度者 若
수보리 막작시념 하이고 실무유중생여래도자 약
有衆生如來度者 如來則有我人衆生壽者 須菩提 如
유중생여래도자 여래즉유아인중생수자 수보리 여
來說有我者 則非有我 而凡夫之人 以爲有我 須菩
래설유아자 즉비유아 이범부지인 이위유아 수보
提 凡夫者 如來說則非凡夫
리 범부자 여래설즉비범부

수보리야, 어떻게 생각하느냐? 너희들은 여래가 '내가 중생
을 제도했다'는 생각을 한다고 여기지 마라.

수보리야, 그런 생각은 하지 마라. 왜냐하면 여래가 제도한
중생이 실은 없기 때문이다. 만약 여래가 제도한 중생이 있다
고 한다면, 여래에게 자아와 인간과 중생과 목숨이 있게 된다.

수보리야, 자아가 있다는 여래의 말은 자아가 있다는 뜻이
아닌데, 범부들은 그것을 자아가 있다고 여긴다.

수보리야, 범부라는 것도 범부가 아니라고 여래가 설했다.

須菩提 於意云何 可以三十二相 觀如來不 須菩提
수보리 어의운하 가이삼십이상 관여래부 수보리
言 如是如是 以三十二相 觀如來 佛言須菩提 若以
언 여시여시 이삼십이상 관여래 불언수보리 약이
三十二相 觀如來者 轉輪聖王 則是如來 須菩提白佛
삼십이상 관여래자 전륜성왕 즉시여래 수보리백불
言 世尊 如我解佛所說義 不應以三十二相 觀如來
언 세존 여아해불소설의 불응이삼십이상 관여래
爾時 世尊而說偈言
이시 세존이설게언
若以色見我 以音聲求我 是人行邪道 不能見如來
약이색견아 이음성구아 시인행사도 불능견여래

수보리야, 어떻게 생각하느냐? 삼십이상(三十二相)으로 여래를 볼 수 있느냐?”

수보리가 말했다.

“그렇습니다, 그렇습니다. 삼십이상으로 여래를 볼 수 있습니다.”[66]

붓다께서 말씀하셨다.

“수보리야, 삼십이상으로 여래를 볼 수 있다면, 전륜성왕(轉

輪聖王)도 여래일 것이다.”

수보리가 붓다에게 말했다.

“세존이시여, 제가 붓다께서 설하신 뜻을 이해하기로는 당연히 삼십이상으로 여래를 볼 수 없습니다.”

그때 세존께서 게송으로 설하셨다.

“형상으로 나를 보거나

음성으로 나를 찾으면

그릇된 길을 가는 자이니

여래를 볼 수 없으리.

須菩提 汝若作是念 如來不[67]以具足相故 得阿耨多
수보리 여약작시념 여래불 이구족상고 득아뇩다
羅三藐三菩提 須菩提 莫作是念 如來不以具足相故
라삼먁삼보리 수보리 막작시념 여래불이구족상고
得阿耨多羅三藐三菩提 須菩提 汝若作是念 發阿耨
득아뇩다라삼먁삼보리 수보리 여약작시념 발아뇩
多羅三藐三菩提者 說諸法斷滅相[68] 莫作是念 何以故
다라삼먁삼보리자 설제법단멸상   막작시념 하이고
發阿耨多羅三藐三菩提心者 於法不說斷滅相[69]
발아뇩다라삼먁삼보리심자 어법불설단멸상

수보리야, 네가 '여래는 잘 갖추고 있는 특징 때문에 아뇩
다라삼먁삼보리를 얻었다'고 생각한다면, 수보리야, 그런 생
각 하지 마라. 여래는 잘 갖추고 있는 특징 때문에 아뇩다라삼
먁삼보리를 얻은 게 아니다. 수보리아, 네가 '아뇩다라삼먁삼
보리를 구하려는 자는 모든 현상이 단멸(斷滅)한다는 것을 설
했다'고 생각한다면, 그런 생각 하지 마라. 왜냐하면 아뇩다라
삼먁삼보리를 구하려는 마음을 낸 자는 현상을 단멸하는 것으
로 설하지 않았기 때문이다.

須菩提　若菩薩　以滿恒河沙等世界七寶布施　若復有
수보리　약보살　이만항하사등세계칠보보시　약부유
人　知一切法無我　得成於忍　此菩薩　勝前菩薩所
인　지일체법무아　득성어인　차보살　승전보살소
得功德　須菩提　以諸菩薩　不受福德故　須菩提白佛
득공덕　수보리　이제보살　불수복덕고　수보리백불
言　世尊　云何菩薩　不受福德　須菩提　菩薩所作福德
언　세존　운하보살　불수복덕　수보리　보살소작복덕
不應貪著　是故說不受福德
불응탐착　시고설불수복덕

　수보리야, 어떤 보살이 갠지스강의 모래알만큼 많은 세계에
칠보를 가득 채워 보시하더라도, 다른 어떤 사람이 모든 것에
불변하는 실체가 없다는 것을 인정하여 확실한 앎을 성취한다
면, 이 보살은 앞의 보살보다 더 나은 공덕을 얻을 것이다. 수
보리야, 이 보살은 복덕을 받지 않기 때문이다.”

　수보리가 붓다에게 여쭈었다.

　“세존이시여, 어찌하여 보살이 복덕을 받지 않는다고 합니
까?”

　“수보리야, 보살은 지은 복덕에 탐착하지 않기 때문에 복덕

을 받지 않는다고 한 것이다.

29

須菩提　若有人言　如來若來若去若坐若臥　是人不解
수보리　약유인언　여래약래약거약좌약와　시인불해
我所說義　何以故　如來者　無所從來　亦無所去　故名
아소설의　하이고　여래자　무소종래　역무소거　고명
如來
여래

　수보리야, 어떤 사람이 '여래는 오기도 하고 가기도 하고 앉기도 하고 눕기도 한다'고 한다면, 이 사람은 내 말뜻을 이해하지 못한 것이다. 왜냐하면 여래란 온 일도 없고 간 일도 없기 때문이다. 그래서 여래라고 한다.

須菩提 若善男子善女人 以三千大千世界 碎爲微塵
수보리 약선남자선여인 이삼천대천세계 쇄위미진
於意云何 是微塵衆 寧爲多不 甚多 世尊 何以故
어의운하 시미진중 영위다부 심다 세존 하이고
若是微塵衆實有者 佛則不說是微塵衆 所以者何 佛
약시미진중실유자 불즉불설시미진중 소이자하 불
說微塵衆 則非微塵衆 是名微塵衆 世尊 如來所說
설미진중 즉비미진중 시명미진중 세존 여래소설
三千大千世界 則非世界 是名世界 何以故 若世界
삼천대천세계 즉비세계 시명세계 하이고 약세계
實有者 則是一合相[70] 如來說一合相 則非一合相 是
실유자 즉시일합상   여래설일합상 즉비일합상 시
名一合相 須菩提 一合相者 則是不可說 但凡夫之
명일합상 수보리 일합상자 즉시불가설 단범부지
人 貪著其事
인 탐착기사

수보리야, 선남자 선여인이 삼천대천세계를 부수어 티끌로
만든다면 어떻게 생각하느냐? 이 티끌들이 많다고 하겠느냐?"
"매우 많습니다, 세존이시여. 왜냐하면 이 티끌들이 실제로

있는 것이라면, 붓다께서 티끌들이라 하시지 않았을 것이기 때문입니다. 왜냐하면 붓다께서 말씀하신 티끌들은 티끌들이 아니기 때문입니다. 그래서 티끌들이라 하셨습니다.

세존이시여, 여래께서 말씀하신 삼천대천세계도 세계가 아니기 때문에 세계라고 하셨습니다. 왜냐하면 세계가 실제로 있는 것이라면 하나로 합쳐진 모습일 텐데, 여래께서 하나로 합쳐진 모습은 하나로 합쳐진 모습이 아니라고 설하셨기 때문입니다. 그래서 하나로 합쳐진 모습이라 합니다."

"수보리야, 하나로 합쳐진 모습이란 말할 수 없는 것인데, 다만 범부들이 그것에 탐착할 뿐이다.

31

須菩提　若人言　佛說我見人見衆生見壽者見　須菩提
수보리　약인언　불설아견인견중생견수자견　수보리
於意云何　是人解我所說義不　世尊　是人不解如來所
어의운하　시인해아소설의부　세존　시인불해여래소
說義　何以故　世尊說我見人見衆生見壽者見　卽非我
설의　하이고　세존설아견인견중생견수자견　즉비아
見人見衆生見壽者見　是名我見人見衆生見壽者見
견인견중생견수자견　시명아견인견중생견수자견
須菩提　發阿耨多羅三藐三菩提心者　於一切法　應如
수보리　발아뇩다라삼먁삼보리심자　어일체법　응여
是知　如是見　如是信解　不生法相[71]　須菩提　所言法
시지　여시견　여시신해　불생법상　수보리　소언법
相者　如來說卽非法相　是名法相
상자　여래설즉비법상　시명법상

　수보리야, 어떤 사람이 '붓다가 자아라는 견해, 인간이라는
견해, 중생이라는 견해, 목숨이라는 견해를 말했다'고 한다면
수보리야, 어떻게 생각하느냐? 이 사람은 내 말뜻을 이해했느
냐?"

　"세존이시여, 그 사람은 여래의 밀뜻을 이해하지 못했습니

다. 왜냐하면 세존께서 말씀하신 자아라는 견해, 인간이라는 견해, 중생이라는 견해, 목숨이라는 견해는 자아라는 견해, 인간이라는 견해, 중생이라는 견해, 목숨이라는 견해가 아니기 때문입니다. 그래서 자아라는 견해, 인간이라는 견해, 중생이라는 견해, 목숨이라는 견해라고 하셨습니다.”

“수보리야, 아뇩다라삼먁삼보리를 구하려는 마음을 낸 자는 모든 법을 이렇게 알고, 이렇게 보고, 이렇게 믿고 이해하여, 법이라는 생각을 내지 말아야 한다.

수보리야, 법이라는 생각은 법이라는 생각이 아니라고 여래가 설했다. 그래서 법이라는 생각이라 한다.

32

須菩提　若有人以滿無量阿僧祇世界七寶　持用布施
수보리　약유인이만무량아승기세계칠보　지용보시
若有善男子善女人　發菩薩心者　持於此經　乃至四句
약유선남자선여인　발보살심자　지어차경　내지사구
偈等　受持讀誦　爲人演說　其福勝彼　云何爲人演說
게등　수지독송　위인연설　기복승피　운하위인연설
不取於相　如如不動　何以故
불취어상　여여부동　하이고
一切有爲法　如夢幻泡影　如露亦如電　應作如是觀
일체유위법　여몽환포영　여로역여전　응작여시관
佛說是經已　長老須菩提　及諸比丘比丘尼　優婆塞
불설시경이　장로수보리　급제비구비구니　우바새
優婆夷　一切世間天人阿修羅　聞佛所說　皆大歡喜
우바이　일체세간천인아수라　문불소설　개대환희
信受奉行
신수봉행

수보리야, 어떤 사람이 한량없는 아승기 세계에 칠보를 가
득 채워 보시하더라도, 보살의 마음을 낸 어떤 선남자 선여인
이 이 경에서 네 구절반이라도 받아 지녀서 읽고 외우고 남에

게 가르쳐 준다면, 그 복이 저 복보다 훨씬 낫다.

어떻게 남에게 가르쳐 주느냐? 생각을 갖지 말고,[72] 한결같아 흔들리지 않아야 한다. 왜냐하면

모든 유위법(有爲法)[73]은

꿈같고 허깨비 같고 물거품 같고 그림자 같고

이슬 같고 번개 같기 때문이니

이렇게 관찰해야 한다."

붓다께서 이 경을 다 설하시자 장로 수보리와 비구·비구니·우바새·우바이, 모든 세상의 천신·인간·아수라가 붓다의 말씀을 듣고 모두 매우 기뻐하면서 믿고 받아들이고 받들어 행하였다.

진언

眞言

나모바가발제 발라양 바라미다예

那謨婆伽跋帝 鉢喇壤 波羅弭多曳

옴 이리지 이실리 수로다 비사야 비사야 사바하

唵 伊利底 伊室利 輪盧馱 毗舍耶 毗舍耶 莎婆訶

1) 수달(須達)이 사위국 파사닉왕(波斯匿王)의 아들 기타(祇陀)에게 황금을 주고 매입한 동산으로, 기타와 수달은 이곳에 기원정사(祇園精舍)를 지어 붓다에게 바쳤다. 기(祇)는 기타의 준말이고, 급고독(給孤獨)은 수달의 별명이다.

2) 가난한 집 부잣집, 천한 집 귀한 집을 가리지 않고 한 집 한 집 차례대로 걸식한다는 뜻이다.

3) 세존을 위해 마련한 지정된 자리라는 뜻이다.

4) 오른쪽 어깨를 드러냄은 상대방에게 공경을 나타내는 고대 인도의 예법이다.

5) 산스크리트 anuttarā-samyak-saṃbodhi를 소리나는 대로 적은 것으로, anuttarā는 가장 뛰어나고, samyak은 바르고, saṃbodhi는 원만한 깨달음을 뜻한다. 따라서 무상정등각(無上正等覺)이라 번역한다.

6) 산스크리트 saṃjñā(생각·관념)의 번역이다. 현장(玄奘)은 '想'이라 번역했다. 구마라집은 saṃjñā와 lakṣaṇa (특징·징표)를 모두 '相'으로 번역했다.

7) 보살마하살(菩薩摩訶薩)은 보살에 대한 존칭이다. 마하살은 mahā-sattva를 소리나는 대로 적은 것으로, 위대한 중생이라는 뜻이다.

8) 모든 번뇌를 남김없이 소멸한 상태.

9) 산스크리트 parinirvāṇa(완전한 열반, 원만한 열반)의 번역이다. 이것을 소리나는 대로 적어 반열반(般涅槃)이라 한다. 모든 번뇌를 완전히 소멸한 상태로 열반을 강조하는 말이다.

10) 산스크리트 vastu(대상·사물)의 번역이다. 현장(玄奘)은 '事'라고 번역했다.

11) '法(dharma)'은 여러 가지 뜻이 있다. 문맥에 따라, 진리·현상·의식 내용·상태·경지·공덕·가르침·것·일 등으로 옮겼다.

12) 산스크리트 nimitta(겉모습·형상)-saṃjñā(생각·관념)의 번역이다. 따라서 현장은 '相想'이라 번역했다.

13) 보시하되, 보시한다는 생각을 하지 말라는 뜻이다.

14) 산스크리트 lakṣaṇa(특징·징표)의 번역이다. 여래가 갖추고 있다는 32가지 뛰어난 신체의 특징을 말한다.

15) 산스크리트 lakṣaṇa의 번역이다.

16) 이 문장을 “특징과 특징 아닌 것을 본다면 여래를 볼 것이다.”라고 옮길 수도 있다.

그러나 금강경의 가르침은 “신체의 특징으로 여래를 볼 수 없다.”, “삼십이상(三十二相)으로 여래를 볼 수 없다.”, “잘 갖추고 있는 신체로 여래를 볼 수 없다.”, “잘 갖추고 있는 갖가지 특징으로 여래를 볼 수 없다.”이다.

따라서 “특징과 특징 아닌 것을 본다면 여래를 볼 것이다.”라는 “특징으로 여래를 볼 수 없다.”에 부합되지 않는다.

17) 여래가 입멸한 후 불법(佛法)이 바르게 행해지는 500년의 정법(正法) 시기가 끝나고 불법이 쇠퇴하는 시기.

18) 좋은 과보를 받을 근원이 되는 청정한 행위.

19) 산스크리트 saṃjñā(생각·관념)의 번역이다. 현장은 ‘想’이라 번역했다.

20) 산스크리트 grāhya(인식되어야 할, 파악되어야 할)의 번역이다.

21) 산스크리트 ārya(성스러운, 고귀한)-pudgala(사람·개인)의 번역이다.

22) 성자들은 생각이나 관념, 얽매임, 차별이나 분별, 집착과 견해가 끊어진 무위(無爲)의 경지에 이른 후에 가르침을 펴기 위해 어쩔 수 없이 언어를 빌려서 차별을 일으킨다는 뜻이다. 달리 말하면 성자들의 차별은 중생이 번뇌와 망상으로 일으키는 차별—유위법(有爲法)—이 아니라는 말이다.

아뇩다라삼먁삼보리는 언어 저편의, 언어의 그물에 걸리지 않는, 언어가 없어지고 생각이 끊어진 그 무위의 상태이므로 인식할 수도 없고, 설명할 수도 없고, 진리도 아니고, 진리가 아닌 것도 아닌 것이라 했다. 언어 자체가 이원성(二元性)이기 때문에 언어로써는 일체의 대립을 떠난 비이원성(非二元性)인 아뇩다라삼먁삼보리에 미치지 못하는 것이다. 그래서 여래는 비구들에게 “내 설법은 뗏목과 같다.”라고 한 것이다. 5의 단락에 如來所說身相 卽非身相이 나오고, 8의 단락에 是福德卽非福德性 是故如來說福德多가 나오고, 그 다음에 佛法

者 卽非佛法이 나오고, 9의 단락에 성자들—수다원·사다함·아나함·아라한—의 경지에 대해 '…無…是名…'으로 설하고, 10의 단락에 莊嚴佛土者 卽非莊嚴 是名莊嚴이 나오고, 그 다음에 佛說非身 是名大身이 나오고, 14의 단락에 是實相者 則是非相 是故如來說名實相이 나오는데, 금강경에서 반복되는 '…卽非…', '…卽非…是故…', '…無…是名…', '…卽非…是名…', '…非…是名…', '…非…是故…' 등의 구문은 모두 一切賢聖 皆以無爲法 而有差別을 바탕으로 하여 전개된다.

위 구문들의 형식은 조금 달라도 이에 해당하는 산스크리트 원전의 내용은 "여래가 말한 X는 X가 아니라고 여래가 설했다. 그래서 여래가 X라고 말한다."이다. 첫 번째 X와 세 번째 X는 무위의 상태에서 가르침을 펴기 위해 여래가 일으킨 차별이고, 두 번째 X는 중생이 번뇌와 망상으로 일으킨 차별이다. 같은 말이지만 중생의 말은 '분별의 분별'이고, 여래의 말은 '무분별의 분별'이다. 달리 표현하면, 여래는 무분별의 바다에서 분별의 파도를 말하지만, 중생은 파도에서 파도를 말한다는 뜻이다.

위 문장의 내용은, 중생의 차별은 허구이니 그것이 집착의 대상이 되어서는 안 되고, 여래가 일으킨 차별도 뗏목에 불과하므로 거기에 집착해서는 안 된다는 뜻이다. 이름을 붙이지 않으면 그 어떤 가르침도 설할 수 없으므로 말을 하자니 아뇩다라삼먁삼보리이고 복덕이고 불법이고 아라한이고 장엄이고 반야바라밀이고 설법이고 선법이니, 거기에 얽매이지 말고 집착하지 말라는 의미이다. 요컨대 생각과 차별이 곧 얽매임이고 집착이라는 말이다. 생각이 일어나니, 온갖 경계(境界)와 틀, 개념과 분별과 차별이 생기고, 중생은 그것들을 고정된 실체로 여겨 집착하지만 그것들은 생각이 일으킨 허구에 불과하다는 가르침이다. 따라서 3의 단락에서 "자아라는 생각, 인간이라는 생각, 중생이라는 생각, 목숨이라는 생각이 있으면 보살이 아니다."라고 했고, 6의 단락에서 "중생들이 마음에 생각을 갖게 되면, 자아와 인간과 중생과 목숨에 집착하는 것이 된다."라고 했고, 14의 단락에서 "모든 생각을 떠난 자를 부처라 한다.", "보살은 모든 생각을 떠나서 아뇩다라삼먁삼보리를 구하려는 마음을 내야 한다."라고 했다.

一切賢聖 皆以無爲法 而有差別에 해당하는 산스크리트 원전을 옮기면, "참으로 성자들은 무위로 나타나기 때문입니다."이다. 즉, 성자들은 일체의 생각과 차별과 집착을 떠났으므로 무위로 나타난다는 말이다.

23) 게(偈)는 산스크리트 gāthā를 소리 나는 대로 적은 것이고, 번역하여 송(頌)이라 한다. 1구(句)가 8음절로 된, 산스크리트 운문(韻文)의 기본 운율이다. 따라서 사구게는 사행시(四行詩)이다.

또 gāthā는 경문(經文)의 길이를 나타내기도 하는데, 『금강경』을 『삼백송반야경(三百頌般若經)』, 『소품반야경(小品般若經)』을 『팔천송반야경(八千頌般若經)』, 『대품반야경(大品般若經)』을 『이만오천송반야경(二萬五千頌般若經)』이라고 하는 게 그 예이다.

『금강경』에서 사구게는 사행시를 가리키기보다는 경문의 길이로 보아, 중요한 '네 구절'의 가르침으로 이해해야 한다. 『금강경』에서 마음에 새겨야 할 가르침이 어찌 사행시만이겠는가.

24) 고대 인도의 세계관에서, 수미산(須彌山)을 중심으로 구산팔해(九山八海)와 사주(四洲)와 일월(日月) 등을 합하여 1세계(世界)라 하고, 1세계의 천 배를 소천세계(小千世界), 소천세계의 천 배를 중천세계(中千世界), 중천세계의 천 배를 대천세계(大千世界)라고 한다. 삼천(三千)은 소천(小千)·중천(中千)·대천(大千)을 가리킨다. 따라서 삼천대천세계라는 말은 하나의 대천세계를 뜻한다.

25) 일곱 가지 보석. ① 금. ② 은. ③ 유리. 산스크리트 vaiḍūrya를 소리 나는 대로 적은 것으로, 검푸른 빛이 나는 보석. ④ 파리(頗梨). 산스크리트 sphaṭika를 소리나는 대로 적은 것으로, 수정. ⑤ 차거(車渠). 흰 산호. ⑥ 적진주(赤眞珠). ⑦ 마노(碼瑙). 짙은 녹색 빛이 나는 보석.

그러나 경론(經論)에 따라 그 종류가 일정하지 않다.

26) 이 문장에 해당하는 산스크리트 원전을 옮기면 다음과 같다. "왜냐하면 여래께서 말씀하신 복덕의 무더기는 복덕의 무더기가 아니라고 여래께서 설하셨기 때문입니다. 그래서 여래께서 복덕의 무더기, 복덕의 무더기라고 하신 것입니다."

그리고 복덕성(福德性)은 복덕의 본질·본성이라는 뜻으로, 복덕이라는 고유한 본질이 있다고 여기는 중생의 분별이다.

27) 이 문장에 해당하는 산스크리트 원전을 옮기면 다음과 같다. "왜냐하면 불법(佛法)들, 불법들이라는 것은 불법들이 아니라고 여래가 설했기 때문이다. 그래서 불법들이라 한다."

28) 『고려대장경』에는 '不'자가 없으나 다른 판본을 참조하여 그것을 넣었다. 왜냐하면 앞뒤 문장에서 '입류(入流)'·'일왕래(一往來)'·'아라한(阿羅漢)'을 부정하므로 여기서도 '불래(不來)'를 부정해야 하기 때문이다.

29) 산스크리트 srota-āpanna를 소리나는 대로 적은 것으로, 욕계(欲界)·색계(色界)·무색계(無色界)의 견혹(見惑)—사제(四諦)를 명료하게 주시하지 못함으로써 일어나는 번뇌—을 끊어 처음으로 성자의 계열에 들었으므로 입류(入流)·예류(預流)라고 번역한다.

욕계는 탐욕이 들끓는 세계이고, 색계는 탐욕에서는 벗어났으나 아직 형상에 얽매여 있는 세계이고, 무색계는 형상의 속박에서 완전히 벗어난 순수한 선정(禪定)의 세계이다.

30) 산스크리트 sakṛd-āgāmin을 소리나는 대로 적은 것으로, 일왕래(一往來)라고 번역한다. 욕계의 수혹(修惑)—대상에 집착함으로써 일어나는 번뇌—을 대부분 끊은 성자. 그러나 이 성자는 그 번뇌를 완전히 끊지 못했기 때문에 천상의 경지에 이르렀다가 다시 한 번 인간계에 이르러 완전한 열반을 성취한다고 하여 일왕래라고 한다.

31) 산스크리트 anāgāmin을 소리나는 대로 적은 것으로, 불래(不來)·불환(不還)이라 번역한다. 욕계의 수혹(修惑)을 완전히 끊은 성자. 이 성자는 미래에 색계·무색계의 경지에 이르고 다시 욕계로 되돌아오지 않는다고 하여 불래라고 한다.

32) 산스크리트 araṇā-vihārin(번뇌 없이 머무는 자)의 번역이다.

33) 산스크리트 araṇā-vihārin(번뇌 없이 머무는 자)의 번역으로, 무쟁삼매인(無諍三昧人)과 산스크리트가 같다.

아란나(阿蘭那)는 산스크리트 araṇya를 소리나는 대로 적은 것으로, 공한처(空閑處)·원리처(遠離處)라고 번역한다. '한적한 삼림', '마을에서 떨어져 수행자들이 머물기에 적합한 곳'이라는 뜻이다.

34) 산스크리트 arhan을 소리나는 대로 적은 것으로, 응공(應供)·

응진(應眞)·무학(無學)이라 번역한다. 공양받을 만하므로 응공, 진리에 따르므로 응진, 더 닦을 것이 없으므로 무학이라 한다. 욕계·색계·무색계의 모든 번뇌를 완전히 끊어 열반을 성취한 성자이다.

35) 아득한 과거세에 출현하여 석가모니에게 미래에 성불하리라고 예언했다는 부처로, 정광여래(定光如來)라고도 한다.

36) 이 부분에 해당하는 산스크리트 원전을 옮기면 다음과 같다. "수보리야, 어떤 보살이 '나는 국토를 장엄하겠다'고 한다면, 그는 참되지 않은 말을 하는 것이다. 왜냐하면 수보리야, 국토의 장엄, 국토의 장엄이라는 것은 장엄이 아니라고 여래가 설했기 때문이다. 그래서 국토의 장엄이라 한다."

37) 수미(須彌)는 산스크리트 sumeru를 소리나는 대로 적은 것으로, 묘고(妙高)라고 번역한다. 세계의 중심에 솟아 있다는 거대한 상상의 산으로, 그 중턱에는 사천왕(四天王)이 거주하는 사왕천(四王天)이 있고, 정상에는 도리천(忉利天)이 있다고 한다. 수미산왕은 산의 왕인 수미산이라는 뜻이다.

38) 탑(塔)은 산스크리트 stūpa를 소리나는 대로 적은 탑파(塔婆)의 준말이고, 묘(廟)는 그 번역이다.

39) 산스크리트 이름은 『vajracchedikā-prajñāpāramitā-sūtra』이다. vajra는 벼락·번개·금강석이라는 뜻이고, cchedikā는 자르는 것, 부수는 것이라는 뜻이다. 즉, (일체의 고착 관념을) 벼락처럼 부순다, 금강석처럼 자른다는 의미이다. 구마라집은 cchedikā를 생략하여 금강(金剛)이라 번역했고, 현장은 능단금강(能斷金剛)이라 번역했다. prajñāpāramitā는 반야바라밀(般若波羅蜜)이라 음사하는데 지혜의 완성이라는 뜻이고, sūtra는 경(經)이라는 뜻이다. 지혜의 완성이란 생각이나 관념이 타파되고, 얽매임이 없고, 차별을 두지 않고, 집착과 견해가 끊어진 상태이다.

40) 이 문장에 해당하는 산스크리트 원전을 옮기면 다음과 같다. "왜냐하면 여래가 말한 반야바라밀은 반야바라밀이 아니라고 여래가 설했기 때문이다. 그래서 반야바라밀이라 한다."

41) 여래가 갖추고 있다는 32가지 뛰어난 신체의 특징을 말한다. 고대 인도의 신화에 나오는 전륜성왕(轉輪聖王)이 갖추고 있다는 신체의 특징에서 유래한다.

42) 산스크리트 bhūta(참되다)-saṃjñā(생각·관념)의 번역이다. 현

장은 '實想'이라 번역했다.

43) '예전에 붓다의 설법을 듣고 지혜의 눈이 생겼는데 그 후'라
는 뜻이다.

44) 산스크리트 kṣāti-vādī ṛṣi(인욕을 설하는 성자)의 번역이다.

45) 가리(歌利)는 산스크리트 kāli를 소리나는 대로 적은 것으로,
투쟁(투쟁)·악생(惡生)이라 번역한다. 붓다가 전생에 인욕을
수행하고 있을 때, 붓다의 인욕을 시험하기 위해 그의 팔다
리를 잘랐다는 왕이다.

46) 산스크리트 saṃjñā(생각·관념)의 번역이다. 현장은 '想'이라
번역했다.

47) 위와 같다.

48) 이 부분에 해당하는 산스크리트 원전을 옮기면 다음과 같다.
"어디에도 얽매이지 않고 마음을 내야 한다. 왜냐하면 얽매
임은 얽매임이 아니기 때문이다."

49) 산스크리트 vastu(대상·사물)의 번역이다. 현장은 '事'라고 번
역했다.

50) 위와 같다.

51) 산스크리트 agra(맨 앞의, 선두의)-yāna(乘)의 번역이다. 현장
은 '最上乘'이라 번역했다. 소승'小乘'의 상대어로 쓰이는
대승'大乘'의 산스크리트는 mahā-yāna이다.

52) 산스크리트 śreṣṭha(최상·최승)-yāna의 번역이다. 현장은 '最
勝乘'이라 번역했다.

53) '짊어질 것이다'는 '이룰 것이다', '얻을 것이다'라는 뜻이다.

54) 비교의 문장에서 어조사 '於'는 '∼에 (비해), ∼보다'로 옮겨
야 하지만 그럴 경우, "이 경을 받아 지니고 읽고 외워서 얻
을 공덕은, 내가 그 많은 부처에게 공양한 공덕에 백분의 일
에도 미치지 못하고……."로 되어 『금강경』의 가르침에
어긋나게 된다. 그래서 의역하여 '∼으로는'으로 옮겼다.
이 문장의 산스크리트 원전을 옮기면 다음과 같다.
"이 경을 배우고 간직하고 읽고 외우고 이해하고 남들에게
자세히 설명한다면, 이 공덕의 무더기에 비해 저 앞의 공덕
(여러 부처에게 공양한 공덕)의 무더기는 백분의 일에도 미치지
못하고……."
보리류지·진제·급다·현장·의정의 번역은 산스크리트 원전과
문맥이 같다.

예를 들어, 경을 읽고 외운 공덕을 ⓐ, 부처에게 공양한 공덕을 ⓑ라고 하면, 구마라집은 'ⓐ於ⓑ百分不及一'인데 반해, 현장은 'ⓑ於ⓐ百分計之所不能及'이다.
　이런 상황은 24 단락의 '於'도 마찬가지여서, '於前福德 百分不及一'을 현장은 '前說福聚 於此福聚 百分計之所不能及'이라 번역했다.

55) 악한 짓을 저지른 중생이 그 과보로 받는다고 하는 괴로운 생존으로, 지옥·아귀·축생·아수라 등의 세계를 말한다.

56) 아승기(阿僧祇)는 산스크리트 asaṃkhya를 소리나는 대로 적은 것으로, 헤아릴 수 없이 많은 수. 겁(劫)은 산스크리트 kalpa를 소리나는 대로 적은 것으로, 지극히 긴 시간.

57) 산스크리트 nayuta를 소리나는 대로 적은 것으로, 큰 수를 나타내는 말이다. 『구사론(俱舍論)』 권12에 의하면 10^{11}에 해당한다.

58) 불법(佛法)이 쇠퇴하여 수행자도 깨달음을 이루는 자도 없는 시기.

59) 아뇩다라삼먁삼보리는 언어 이전, 즉 일체의 차별과 분별이 끊어진 무위(無爲)이므로 생각이나 인식의 영역—2분법의 영역—이 아니다. 구하려는 생각이 곧 분별이므로 분별로써 구하려 하면 잡히는 건 결국 분별의 내용일 뿐이어서, 분별의 축적으로는 결코 무분별의 아뇩다라삼먁삼보리에 이를 수 없다. 벼락이 내리쳐 분별이 박살나야만 아뇩다라삼먁삼보리 그 자체가 될 수 있을 것이다. 그러나 분별과 집착이 폭발해 버린, 이원성(二元性)이 함몰해 버린 상태에서는 아뇩다라삼먁삼보리조차 있을 수 없다. 그래서 관념에 대한 집착을 부정하고 또 부정하여 아뇩다라삼먁삼보리까지도 부정한다. 왜냐하면 쇠사슬에 묶이나 금사슬에 묶이나 묶이긴 마찬가지이기 때문이다.
　그런데 아뇩다라삼먁삼보리라고 언어로 표현하면 그것도 또한 관념의 화석이 되어버리니, 그렇다고 해서 말하지 않을 수도 없는 일, 처음부터 침묵했다면 어찌 불법의 싹이 돋아났겠는가.
허나 말로써도 다하지 못하고 침묵으로도 다하지 못하므로 석가세존은 말과 침묵을 떠나 꽃을 들어 대중에게 보였다.

60) 산스크리트 bhūta(진실)-tathatā(그러함)의 번역이다. 현장은

‘眞實眞如’라고 번역했다.

61) 부처가 제자에게 미래에 성불할 것이라는 예언.

62) 산스크리트 upalabhyate(인식되다, 파악되다, 획득되다)의 번역이다.

63) 산스크리트 lakṣaṇa(특징·징표)의 번역이다. 여래가 갖추고 있다는 32가지 뛰어난 신체의 특징을 말한다.

64) ‘爾時’부터 ‘是名衆生’까지의 62자는 명明의 홍련(洪蓮)이 엮은 『금강경주해金剛經註解』 권4에 의하면, 구마라집 역본(譯本)에는 원래 없었는데 영유법사(靈幽法師)가 구마라집이 누락한 것으로 보고, 당(唐) 장경(長慶) 2년(822)에 보리류지 역본에서 그대로 뽑아 넣은 것으로 되어 있다. 물론 보리류지 역본과 완전히 일치하고, 산스크리트 원전에도 이 내용이 있다. 혜명(慧命)은 산스크리트 āyuṣman의 번역으로, 수행자에 대한 존칭이다. 흔히 존자(尊者)라고 번역하는데, 『금강경』 번역에서 구마라집은 장로(長老)라고 번역하거나 생략했고, 보리류지는 혜명(慧命), 현장은 구수(具壽)라고 번역했다. 『금강경』 산스크리트 원전에는 반복의 문체가 많은데, 보리류지와 현장은 직역했으나 구마라집은 의역하거나 압축했다. 따라서 慧命과 衆生衆生者는 구마라집의 『금강경』 번역 문체가 아니다.

65) 주53) 참조.

66) 5의 단락에서 수보리가 "신체의 특징으로 여래를 볼 수 없다." 했고, 13의 단락에서 "삼십이상(三十二相)으로 여래를 볼 수 없다." 했고, 20의 단락에서 "잘 갖추고 있는 신체로 여래를 볼 수 없다." 했고, 또 "잘 갖추고 있는 갖가지 특징으로 여래를 볼 수 없다."고 했는데, 여기 와서 느닷없이 수보리가 "삼십이상으로 여래를 볼 수 있다."고 하므로 어리둥절해진다.

이 부분에 해당하는 산스크리트 원전을 옮기면 다음과 같다.

"수보리야, 어떻게 생각하느냐? 특징을 잘 갖추었다고 해서 여래로 보아야 하느냐?"

수보리가 말했다.

"그렇지 않습니다, 세존이시여. 제가 세존께서 설하신 뜻을 깊이 아는 바로는 특징을 잘 갖추었다고 해서 여래로 보아서는 안 됩니다.”
　세존께서 말씀하셨다.
　“좋고 좋도다, 수보리야. 참으로 그러하다. 특징을 잘 갖추
었다고 해서 여래로 보아서는 안 된다. 왜냐하면 수보리야,
특징을 잘 갖추었다고 해서 여래로 본다면 전륜성왕도 여래
가 될 것이기 때문이다.”
　진제, 급다, 현장의 번역은 산스크리트 원전과 문맥이 같다.
67) ‘不’자를 생략하고 옮겼다. 그렇게 하지 않고 옮기면 “여래는
　잘 갖추고 있는 특징 때문에 아뇩다라삼먁삼보리를 얻은 게
　아니다”로 되어 수보리가 맞는 생각을 했는데도 불구하고
　“그런 생각 하지 마라”고 설하는 것으로 되고, 다음 문장은
　수보리의 답으로 결론을 내리고 있어, 앞뒤 문맥이 맞지 않
　는다. 물론 이 문장의 산스크리트 원전에도 부정의 단어(na)
　가 없고, 보리류지·급다·현장의 번역에도 ‘不’자가 없다. 다
　만 진제의 번역에 ‘不’자가 있으나 이는 부정의 뜻이 아니라
　의문을 나타내는 어조사이다.
68) 산스크리트 원전에는 ‘相’에 해당하는 단어가 없다.
69) 위와 같다.
70) 산스크리트 piṇḍa(덩어리·전체)-grāha(집착)의 번역이다. 진제
　는 취일집(聚一執)이라 번역했고, 급다는 박취(搏取), 현장은
　일합집(一合執), 의정은 취집(聚執)이라 번역했다.
71) 산스크리트 saṃjñā(생각·관념)의 번역이다. 현장은 ‘想’이라
　번역했다.
72) 가르쳐 주되, 가르쳐 준다는 생각을 갖지 말라는 뜻이다.
73) 온갖 망상으로 일으킨 허구의 차별 현상을 말한다.

각묵, 『금강경 역해』, 불광출판부, 2001.

대한불교조계종 교육원 편역, 『금강반야바라밀경』, 조계종출판사, 2009

梶芳光運, 『金剛般若經』, 大藏出版, 昭和五十二年.

僧伽大學院 編纂, 『金剛經全書』, 民族社, 1997.

中村 元·紀野一義, 『般若心經·金剛般若經』, 岩波書店, 1979.

崔鳳守, 「金剛經 羅什譯本에 있어서의 2·3의 문제」, 『普照思想』 5·6合輯, 1992.

함허 득통 편저, 이인혜 역주, 『금강경오가해·설의』, 도피안사, 2009.

큰글자 살림지식총서 031

금강경

펴낸날	초판 1쇄 2012년 10월 15일
	초판 3쇄 2018년 3월 16일

지은이	곽철환
펴낸이	심만수
펴낸곳	(주)살림출판사
출판등록	1989년 11월 1일 제9-210호

주소	경기도 파주시 광인사길 30
전화	031-955-1350 팩스 031-624-1356
홈페이지	http://www.sallimbooks.com
이메일	book@sallimbooks.com

ISBN	978-89-522-2122-3 04080
	978-89-522-3549-7 04080 (세트)

※ 이 책은 큰 글자가 읽기 편한 독자들을 위해
　 글자 크기 14포인트, 4×6배판으로 제작되었습니다.